国家社会科学基金项目“基于语料库的汉语假设范畴句法标记模式研究”（13CYY065）成果

跨语言视角下的汉语假设句研究

董秀英　著

科学出版社
北京

内 容 简 介

本书主要运用跨语言比较的方法，从语言类型学的角度来观察和处理汉语假设句的相关现象。重点围绕假设标记探讨了假设句的句法操作、汉语假设标记的语法化来源、汉语假设句的从句和主句标记配套使用情况、汉语假设标记与“联系项居中原则”等论题；研究了河南夏邑方言中的愿望义反事实句的表达形式。笔者发现汉语假设标记无论是从形式上还是从语义来源上看都不是孤立的，只是世界语言的一种变异类型。

本书可供语言学及相关专业的本科生、研究生和从事语言研究与语言教学的学者使用。

图书在版编目（CIP）数据

跨语言视角下的汉语假设句研究 / 董秀英著. —北京：科学出版社，2020.6

ISBN 978-7-03-065166-2

Ⅰ. ①跨…　Ⅱ. ①董…　Ⅲ. ①汉语–假设（语法）–研究　Ⅳ. ①H146.3

中国版本图书馆 CIP 数据核字（2020）第 085719 号

责任编辑：常春娥 / 责任校对：贾伟娟

责任印制：李　彤 / 封面设计：润一文化

科学出版社 出版

北京东黄城根北街 16 号

邮政编码：100717

http://www.sciencep.com

北京虎彩文化传播有限公司 印刷

科学出版社发行　各地新华书店经销

*

2020 年 6 月第　一　版　开本：720×1000　B5

2020 年 6 月第一次印刷　印张：12 1/2

字数：220 000

定价：98.00 元

（如有印装质量问题，我社负责调换）

序

假设是一个具有跨语言普遍性的全句功能语法范畴，几乎不同语言中都有表达假设的语法形式，表面看来它们各不相同，深入研究会发现，假设的每一种形式都不是孤立的，它只不过是世界语言有限可能的其中某个实例化类型。该书在跨语言比较的视角下，重点研究了汉语假设标记的位置、语法化来源类型、从句和主句标记的配套使用、从句和主句的相对位序等议题。相较于之前的相关研究，该书值得肯定的有以下三点。

（一）运用跨语言比较的方法，从语言类型学的角度来观察和处理汉语假设句的相关现象。与其他语言相比，汉语假设标记既可以前置也可以后置，位置看似灵活，但仍在世界语言的变异范围内，这与汉语在中心语参数类型上的摇摆不定有关，也是汉语满足“联系项居中原则”的重要手段之一；汉语假设标记数量丰富，但语义来源有限，并且多具有跨语言的普遍性，这不是偶然的，因为这些语义来源要么具有非现实性，要么具有话题性，均与假设语义相适宜，这满足了语法化的语义条件；汉语假设句的从句和主句标记共现频率总体上并不高，还不到 50%，尤其是和指代性标记的共现频率更低，还不到 20%，这一点跟英语比较接近，也比较符合语言的普遍特征。

（二）注重解释。当代语法研究不仅要对种种语法现象做出全面的描写，而且要尽可能地给出合理的解释。该书主要从语用功能角度对相关现象进行解释，如运用语言类型学中的和谐理论解释不同语言中假设标记位置的差异，不同语言使用前置假设标记还是后置假设标记与其动宾语序的类型是和谐的，VO 型语言倾向于使用前置假设标记，OV 型语言倾向于使用后置假设标记；该书运用会话合作原则、礼貌原则等语用学理论分析解释假设句的从句后置于主句这一劣势语序出现的动因；在分析河南夏邑方言中的“忘了”愿望义反事实句的形成原因时，联系其使用的语言环境，即说话人原本可以做某事，但因没有做而造成某种损失，所以句子才伴有懊悔或者遗憾之情，而在夏邑方言中之所以可以选择“忘了”这个词来表达，则跟语用推理有关。上述解释合情合理，令人信服。

（三）关注非原型假设句。该书运用认知语言学的原型理论，根据从句和主句之间的语义关系将假设句分为原型假设句和非原型假设句。重点研究了回溯推理假设句、隐喻推理假设句、反事实假设句和元语言假设句等非原型假设句，加深了对汉语假设范畴复杂性的认识。

翻阅全书，不难发现，作者对每个问题的论述都是建立在对相关研究文献的梳理引用和对各种语言材料的分析统计基础上的，体现了严谨务实的学风。当然，该书也有不尽如人意的地方，如关于非原型假设句的分类只是例举式的，可能涵盖不了所有的情况，这个问题今后还可以做进一步的研究。

秀英 2009 年从华中师范大学博士毕业后回到了河南大学文学院工作，她在忙于繁重的教学工作的同时依然保持着对语言研究的浓厚兴趣，她 10 多年来一直潜心于假设问题的思考和研究，孜孜以求，现在终将研究成果整理出版了。我非常乐意将该书推荐给读者，并借此机会跟大家就书中的一些想法进行交流和讨论。

徐　杰

序于澳门大学

2019 年 12 月 19 日

目　　录

第 1 章

绪　论

1.1　本书所做研究的意义

假设是一种重要的句法语义范畴，也是一种具有跨语言普遍性的全句功能语法范畴。表达这一功能范畴的主要形式是假设句，假设句的句法操作、假设标记的语法化来源和假设句的语序等在不同语言中有共性，也有差异。所以，有必要将汉语假设句置于世界语言的变异范围内加以考察，这不仅可以发现单就汉语研究发现不了的语言现象，深化对汉语假设句的认识，而且有利于普通语言学的研究，尤其对语言类型学研究意义重大。

另外，跨语言比较的研究成果也有利于语言的应用研究，假设句的形式特征在不同语言中有不同的表现，这给第二语言学习者带来理解和习得的困难，跨语言的分析比较有利于学习者掌握第二语言，提高其学习效率和质量，为语言教学和汉语国际传播提供帮助。

1.2　本书的研究对象

假设跟虚拟、条件、让步等语法范畴均有不同程度的交织，所以，本书将在综述相关研究成果的基础上，对比分析学界对相关概念内涵和外延的理解，界定出本书的研究对象。

1.2.1　假设与虚拟

国外把虚拟看作跟动词的屈折形态相联系的语气（mood）范畴。Richards

等（2000：295-296）认为虚拟语气是指“用以表示假定、意愿、希望等的动词形式。与陈述语气相反，虚拟语气往往指非真实或假设的情况”。David（2000）把 mood（modal、modality）列为一个词条，沈家煊中译本分别将其译为“语气、语态（情态的、情态）”，并指出语气（或“情态”）是由动词词形变化表示的一组句法和语义对立，如直陈语气（无标记形式）、虚拟语气、祈使语气。

国外对虚拟语气范畴的研究多局限于形态型语言，即使在进行跨语言比较研究时也很少涉及汉语等非形态型语言。以英语为例，虚拟语气可以用在条件句、宾语从句、同位语从句、表语从句和定语从句等结构中，但条件句无疑是研究虚拟范畴的典型句法结构。Quirk 等（1985）把英语条件从句所表达的条件分为直接条件和间接条件，直接条件有开放条件、假设条件和修辞条件三种。开放条件又称“真实”“事实”“中立”条件，开放条件句表达的条件可能是真的，也可能是假的，说话人对条件的真实性持中立态度；假设条件又称“封闭”“虚拟”“反事实”条件，假设条件句表达的条件是虚假的，说话人对条件的真实性持否定态度；修辞条件句在形式上与开放条件句相同，但却表达假设条件句的意思，是一种无语法标记的假设条件句。张道真（2002：238-242）指出：英语条件句分为两种——真实条件句（Sentences of Real Condition）和虚拟条件句（Sentences of Unreal Condition）。真实条件句中的条件是可能实现的；虚拟条件句中的条件是纯然假想的，或者与事实相反，或者实现的可能性不大。两种条件句在谓语动词的形态上有明显的不同。英语中的假设条件或者虚拟条件大致相当于反事实假设条件。

由于汉语的动词没有丰富的形态变化，主要运用语气词和语调来表达语气，所以，汉语语气的研究一开始就没有考虑动词的形式。国内对虚拟范畴的研究主要从语义入手寻找其句法形式。最早提出“虚拟”这个语法概念并对其进行专门研究的是石毓智，石毓智（2001）指出：陈述语气和虚拟语气是普通语言学中一对常见的概念，陈述语气表示的是事实，虚拟语气表示的多半不是事实。虚拟句通常表示非现实性或者可能性，狭义地讲，它只指疑问或者不确定的事件，广义的虚拟则指任何非现实的动作行为或者事件。钱乃荣（2004）按照石毓智提出的广义虚拟语气的概念研究了新老上海方言中的虚拟句。邢向东（2006：167-194）根据意义将虚拟分为愿望、假设、犹豫、纵予四个下位类型。强星娜（2011）、郭利霞（2015）、宗守云（2018：266-270）将其中的愿望虚拟称为过去虚拟。陈国华（1988）将虚拟条件句等同于假设条件句，并且仅指反事实假设。

综上，汉语学界对虚拟范畴内涵和外延的认识存在较大分歧。广义的虚拟包括表示可能的、不确定的和反事实的情况；狭义的虚拟仅指反事实的情况。由于汉语缺少系统的虚拟标记形式，仅凭意义确定一个语法范畴难免存在宽窄不同的理解。本书所研究的假设属于广义的虚拟。

1.2.2　假设与条件、让步

国内最早提到“假设”概念的是马建忠，他在《马氏文通》（2000：424）中说道：“言效者，则假设之读乃其效之因也。……拟议设想者，皆以言事之未定，而或假设其事以观其效之有无或理之向背也。”吕叔湘（2004：407-408）指出：“‘要是怎么样，就怎么样’，这是假设句的句法：第一小句提出一个假设，第二小句说明假设的后果。后者是否成为事实，视前者为转移，也可以说是以前者为条件，所以这种句法也可以称为条件句。”汉语学界对假设句的研究主要体现在复句的研究中，并且往往将假设复句和条件复句交织在一起，如胡裕树（1995）、邵敬敏（2001）、钱乃荣（2001）、刘叔新（2002）、丁声树等（2001）、王力（1985）等均把假设句看作条件句的一个次类。张斌（2002）则把假设和条件统称为假设条件句。将假设句从条件句中独立出来，单列为一类的有邢福义（2001）、刘月华等（2001）、黄伯荣和廖序东（2002）等。吕叔湘（2004：407-408）则建议：“普通说到‘条件’都是指可能实现的事情（未知的，且多数是未来的），要是明明和已知的事实相反，就只说是假设。”这里的假设是反事实假设，与陈国华（1988）和 Quirk 等（1985）中的“假设”所指相同。将假设和条件归为一类的研究主要着眼于两个小句之间的语义联系，将其看作两类并行的研究则主要着眼于假设从句所述情况与现实的关系。其实无论看作一类还是分成两类，各家均看到了两者的不同之处。所以吕叔湘（2004：408）说：“因为条件和假设可以有这种种不同的区分方法，我们索性不去分别，把这种种句子总称为假设句，把假设之辞称为条件，假设的后果简称为后果，两者之间的关系称为条件关系。”

有的假设句还包括让步句，如邢福义（2001）把“即使……也……”类关联词引导的让步称为虚拟性让步；刘月华等（2001）也把“即使……也……”类关联词引导的让步称为假设的让步；北京大学中文系现代汉语教研室（2003）虽将“即使……也……”归入了转折句，但同时认为，将其归入假设复句也未尝不可。黄伯荣和廖序东（2002）把让步句看作假设句的一个小类，称为相背假设。

其实理解的角度不同，构成复句的小句之间的关系也可以不同，假设句作为条件复句的次类是强调两个小句之间存在的前提和结论的关系，单独作为一类以强调前提的虚拟性；“即使”类让步句归入假设句也是着眼于其前提的虚拟性，单独作为一类或者归入转折句则是强调两个小句之间句义的逆反性。

为了使论题更为集中，便于进行跨语言比较，本书中的假设句排除两个小句之间具有逆反性的让步型假设复句，仅指现代汉语中有“如果、要是、若是、假如”等语法化的关联标记引导的复句。但在跨语言比较研究中，往往用汉语的“如果”句对应英语的“if”条件句，如姚双云（2011）等。

与本书所做研究相关的文献较多，如关于语法操作的研究主要有徐杰（2001，2006）、何元建（2007）等。关于假设标记语法化来源的研究主要有江蓝生（2002，2004）、董秀芳（2000，2003，2004）、洪波（2005）、解惠全（2005）、刘丹青（2005b）、石毓智（2005b）、邢向东（2005，2006）等。关于假设句语序的研究主要有邢福义（2002）、姚双云（2008）、王春辉（2010b）等。关于假设句分类的研究主要有邢福义（2002）、吕叔湘（2004）、黎锦熙（2000）、罗进军（2007）、徐李洁（2005b）、徐盛桓（2004a，2004b）、沈家煊（2003，2009）等。关于以上研究的主要观点，笔者会在后面相关章节中进行评述，此处不再具体展开。

国外关于条件句及相关问题的研究有 Comrie（1986）、Haiman（1978）、Diessel（2001）、Greenberg（1984）、Dryer（1992a，1992b）、Hopper 和 Traugott（2005）、Heine 和 Kuteva（2007）等，但他们在进行跨语言比较或类型归纳时，要么对汉语关注不够，要么论述有失偏颇。那么汉语假设句跟世界其他语言相比具有什么类型特征？其形成的原因又是什么？这些问题仍然值得关注和研究。

1.3 本书所采用的研究思路与方法

1.3.1 研究思路

本研究主要基于自建的语种语料库、北京大学中国语言学研究中心 CCL

（Center for Chinese Linguistics）语料库和国家语委现代汉语通用平衡语料库展开。首先梳理了假设范畴跟其他相关范畴，如虚拟、条件、让步等之间的关系，确定本书研究的对象。根据假设的程度和假设句的语义关系对汉语假设句进行分类，并重点讨论汉语反事实假设句和汉语元语言假设句两类学界关注较少的非原型假设句。然后利用语种语料库，以句法操作手段和句法操作位置的配置为参数考察假设句的标记类型，并解释不同标记类型形成的原因。利用北京大学中国语言学研究中心 CCL 语料库和国家语委现代汉语通用平衡语料库，参考《现代汉语虚词词典》（张斌主编）、《现代汉语虚词词典》（侯学超编）、《现代汉语虚词词典》（朱景松主编）、《现代汉语虚词例释》（北京大学中文系 1955 级、1957 级语言班编）、《连词与相关问题》（周刚著）、《复句关系标记的搭配研究》（姚双云著）等六部著作，选择“假如、假若、假使、如、如果、如若、如果说、若、若说、若是、若不是、若不、若非、倘、倘使、倘若、倘或、设若、设使、设或、要、要是、要不是、万一、一旦、的话、诚、果然、果真、果”①等30个现代汉语中比较常用的假设标记作为检索关键词，从语料库中检索出假设从句带有上述标记的假设句，考察主句中相配套的标记，如“那么、那末、那就、那、就、便、则”等使用情况，考察汉语假设句的从句和主句的相对位序，并解释其优势语序和劣势语序形成的原因。

1.3.2 研究方法

本书采用的第一种研究方法是统计法。本书所进行的研究依靠的是语种语料库、北京大学中国语言学研究中心 CCL 语料库和国家语委现代汉语通用平衡语料库，以各种量化数据作为立论基础，如优势句法标记形式、优势语序的确定和汉语假设标记配套使用情况等都通过统计数据来说明，并对数据进行解释。

第二种研究方法是跨语言比较的方法。跨语言比较是本书所进行研究的一个重要视角，语言之间有共性也存在着差异，但语言之间的变异受到一定

① 这30个假设标记主要用于对现代汉语语料的检索，有的表假设的虚词虽然参考著作中有所收录，但在现代汉语语料库中使用频率极低的，如“设”，或者主要用于方言区的，如“如其”等，笔者没有选择。“要不”“要不然”是表示假设性否定的连词，其否定的辖域在上文，不同于位于假设从句的假设标记，所以，笔者也没有将其作为考察对象。文中类型研究部分涉及的方言或古汉语中的假设标记以文献为依据，不限于上述范围。

限制，有些类型不可能出现，这种普遍适用的变异模式就是一种共性，即蕴含共性。本书所进行的研究主要基于中国境内语言的比较（包括汉语方言和少数民族语言），通过比较找出语言之间的共性和差异，如关于假设标记类型的确立就是在跨语言比较的基础上建立起来的；汉语假设句的分类、汉语假设标记的语法化来源类型等结论均具有跨语言的普遍性。

第三种研究方法是调查法。本书研究使用的语料除了来自语料库，最主要的一个来源就是笔者的田野调查。方言语法的调查相对于方言语音和方言词汇的调查有一定的难度。陆俭明（2010：236）曾描述过方言语法调查的困难：事实告诉我们，方言语法确实远比方言语音、方言词汇难调查、难研究。语法虽然规则性很强，但比语音规则复杂得多，而且奥妙无穷。一种方言之错综复杂和精细奥妙之处，难以为非母方言者所体察，难以为非母方言者所了解，难以为非母方言者所调查，而操该方言但又缺乏语法知识的人也难以全面、准确、深入地调查了解该方言的真实面貌。笔者在研究河南夏邑方言中的愿望义反事实句时也感觉到方言语法研究确实不易，尽管笔者上大学之前一直在使用母方言，有着很好的语感，但由于语感是有个人差异的，语法又是在不断变化的，有时笔者感觉能说的句子，调查对象却认为不能说。所以方言语法的调查也不能仅仅依靠语感，尤其是长期居住在外地的人，还是要调查一下长期居住在调查区的本地人，通过广泛的调查来确定某种语法现象是否属实。

第四种研究方法是描写和解释相结合的方法。描写主义又称结构主义，在结构主义语言学看来，语言具有系统性，这个系统是由不同要素构成的，这些要素之间不是孤立的一盘散沙，而是相互联系的，每一个要素都是一个系统，大系统下包含小系统。从系统的观点看，每一个语法成分都要跟系统中的其他成分形成对立或者差异，完全相同的两个成分的存在不符合语言的经济性原则，除非处于并存竞争过程中，但随着时间的推移，其中的一个必然被淘汰。本书所描写的河南夏邑方言中的愿望义反事实句是一个系统，系统内部类与类之间在句法语义或者语用上是对立的。例如，河南夏邑方言中的愿望义反事实句有四种表达形式："知道"和"忘了"反事实句的动词不能是非自主的；"不胜""好了"反事实句的动词可以是非自主的；"忘了"反事实句的主语可以是第二人称，但"知道"反事实句不可以；"不胜"类反事实句中的形式标记位于句首或者谓头，但"好了"反事实句只能位于句尾。上述这四种表达形式之间均有差异。另外，本书在描写时运用了结构主义语言学的分布分析法，如关于假设标记出现的位置、主句假设标记的分布情况、河南夏邑方言中的愿望义反事实假设表达形式的分布等；还运用变换分析法来说明语义是否改变，如通过变换来说明假设句的从句和主句之间是否有因果关系等。

但当代语法研究不仅要对种种语法现象做出全面描写，而且要尽可能地做出合理解释。解释时可以借助不同的语言学理论，本书研究中的解释涉及以下几个方面。

首先是认知解释。认知语言学认为语言是人的认知活动的重要组成部分，句法不是自足的，研究语法时必须从人的认知角度进行。认知语言学运用象似性（iconicity）理论、原型范畴理论、有界无界理论、隐喻和转喻理论、主观性理论等对语言现象进行解释。本书研究主要运用了原型范畴理论、隐喻理论和主观性理论。经典范畴理论认为，范畴是由一组充分必要条件来定义的，范畴内部所有成员地位平等，各范畴之间有界定清晰的边线。而认知语言学的原型范畴理论认为，范畴的边界是不确定的，具有一定的模糊性，范畴成员的地位是不平等的，体现出不同的典型性。典型性高的成员具有更多的与同类其他成员共有的属性，并具有更少的与相邻类别的成员共有的属性，是原型成员，其他的是非原型成员或者叫边缘成员。从假设句的语义关系来看，其内部存在差异，是由客观因果向主观因果扩展的过程，前者为原型假设句，后者为非原型假设句，两者之间没有明确界限，是个连续统，所以从这方面来看，假设句是个原型范畴。从原型向非原型假设句扩展的动因是说话人的主观性，扩展机制则是隐喻，是由客观域向主观域的投射。

其次是共性解释。研究人类语言的共性是当代语言学的主流意识，尽管形式语言学和语言类型学的学术理念不同，但都把追求人类语言的共性作为自己的首要目标。越来越多的学者已意识到摆正汉语个性和语言共性关系的重要性，陆俭明和郭锐（1999：12）指出："（20 世纪）80 年代开始，许多学者重视对汉语语法特点的探讨，这无可非议。但是如果只注意汉语的特点，不考虑语言的共性，甚至片面强调汉语的特点，也不利于对汉语的深入研究，更不利于使汉语研究对现有的普通语言学理论作出反馈。"

当代语言类型学研究的是蕴含共性，即把一种特性的出现跟某个其他特性的出现联系起来，也就是说，某一特性必须或者只有在其他某个特性也出现的条件下才能出现。例如，如果一种语言的词序是 VSO，那么它就用前置词。这条蕴含共性容许出现三种情况：既是 VSO，又用前置词的语言，如威尔士语；不是 VSO，但用前置词的语言，如英语；不是 VSO，也不用前置词的语言，如日语。不容许出现“是 VSO，却不使用前置词”的语言。变异是容许出现的情况，变异的限度是不容许出现的情况。本书研究试图通过跨语言比较，考察假设标记的位置跟动宾语序之间的相关性，考察结果显示：如果一种语言是 VO 型语言，那么这种语言有前置假设标记，即 VO 型语言倾向于使用前置假设标记。OV 型语言倾向于使用后置假设标记，但倾向性不如 VO 型语言强。这种倾向性共性可以用和谐理论来解释，Dryer（1992b：87）把和谐理论表述为“核心–从属语”（the Head-Dependent）理论：“动词类型是核心，而宾语类型是从属语，也就是说，一对成分 X 和 Y 中，当且仅当 X 是核心而 Y 是从属语时，在 VO 型语言中采用 XY 顺序的可能性会远远超过其在 OV 型语言中的可能性。”而按照生成语法的 X 阶标理论，所有的句法结构都是向心结构，其中心语可以是词汇性质的实词，如名词、动词、形容词等；也可以是功能性质的虚词，如助动词（auxiliary）、标句词（complementizer）、限定词（determiner）等。徐杰和李莹（2010）认为假设等句法关系范畴也属于广义的句子功能范畴，因为它们与疑问等句法功能范畴具有类似的句法操作手段，其功能性标记词——假设标记占据的是句子中心 C 的位置，假设从句是从属语，所以假设标记前置和 VO 语序都是属于核心居前；同样，假设标记后置和 OV 语序都属于核心居后。从跨语言研究的视角来看，假设标记的位置与动宾语序和谐。

另外，针对与动宾语序不和谐的汉语后置假设标记的出现，笔者是从功能和历时角度进行解释的。功能解释主要运用了功能语言学家 Dik 提出的“联系项居中原则”，汉语后置假设标记在优势语序中可以满足“联系项居中原则”；历时解释主要从假设标记的语法化来源来看，根据语法化的滞留性原则，后置假设标记跟其语法化来源的位置有关。

再次是篇章解释。本书在解释汉语假设句的优势语序时主要运用了篇章衔接理论，有些劣势语序的出现也跟篇章衔接有关。

最后是语用解释。语用学是语言学的一个重要分支学科，对“语用学”的定义和范围学界至今还缺乏统一的认识。泛泛而说，语用学研究语言和语境（context）之间的关系。不少语法现象是语用法“凝固化”的结果。（沈家煊，1998：1）语法不是先天存在的，而是与实际交际活动相互作用、相互影响的，研究语法从根本上说不可能脱离对语言的运用。（方梅，2008：68）所以，研究语法要将研究对象放在具体语境中去分析。例如，笔者在研究河南夏邑方言中的“忘了”愿望义反事实句的形成原因时，就是联系其使用的语言环境，即说话人原本可以做某事，但因没有做而造成某种损失，所以才伴有懊悔或者遗憾之情。

格赖斯（Grice，1975）提出的交谈的“合作原则”包含四条准则，其中一条是“数量准则”（quantity maxim），即说出的话要适量，不多也不少。这条准则实际上包含两个方面，一是“足量”，即传达的信息量要充足，另一个是“不过量”，即传达的信息量不要过多。如果说话人违反了“合作原则”（说话人可能要表达某种会话含义，并且这种会话含义是可以推导出来的）中的任何一条准则，如“我就因《你好，忧愁》得过一个奖，批评家奖，它使我出了名，如果我可以这样说的话。”，这句话从语义上看，其从句是多余的，违反了会话“合作原则”中的“数量准则”，即提供的信息量过多。我们认为说话人是遵守“合作原则”的，那么说话人之所以这么说，一定是另有原因，如出于礼貌等。

1.4 几点说明

汉语学界把句子分为单句和复句，把复句进一步分为联合式和偏正式。复句中的偏句只被看作分句，不被看作状语。按照国际通行的观念，我们的“复句”包含于联合复合句（coordinate compound sentences）和主从复杂句（subordinate complex sentences）之中，但又不完全对等，复合句大致相当于汉语的联合复句，而主从复杂句包括带主语从句（所谓“主谓短语做主语”）、宾语从句（所谓“主谓短语做宾语”）、定语从句（大多相当于关系从句，所谓“主谓短语或动宾短语做定语”）和状语从句等几种情况，其中前三种从句在通行的汉语语法体系中都不属于复句的分句，被看作单句内的成分（短语），而状语从句在现有汉语语法体系中没有对等的概念，其所指与复合句的并列小句一样，被称为复句的“分句”。不过汉语语法学确实承认有做状语的小句，指的是用“地、似的”等结构助词连接的成分，如“满头大汗地冲进来”。它们在句内的整合度较高，紧紧依附于谓语核心，中间不能有明显的停顿，也不能改变语序。被分析为分句的是靠连词连接的小句，它们与主句的关系比较松散，不与某个具体谓语组合，语序有一定的自由度。（刘丹青，2008：51-52）笔者同意上述关于汉语学界“复数”和国际语言学界相关概念之间关系的分析。但鉴于本书研究主要立足于汉语假设句，所以仍采用汉语语法学通行的“复句”这一术语，在跨语言比较研究中对应于其他语言中相应的状语从句。

本书将假设句看作与条件句并列的一种复句，为了尊重原文，引用的文献如果使用的是“条件句”，但实际所指同本书中的假设句时，笔者就用“条件句”这个术语。

本书所用语料主要来自北京大学中国语言学研究中心 CCL 语料库和国家语委现代汉语通用平衡语料库，个别语料来自北京大学现代汉语语料库中的翻译作品，为了便于识别，均在语料出处处注明了作者的国籍；还有些语料转引自其他文献（文中均有标注）或者笔者所在课题组调查所得。来自河南夏邑方言中的愿望义反事实句中的语料除了笔者的内省之外，还调查了长期居住在该方言区的人，主要发音人有：①孙玉兰，女，汉族，1949 年生，河南省商丘市夏邑县业庙乡农民，小学毕业；②董先敏，男，汉族，1953 年生，河南省商丘市夏邑县业庙乡供销社退休职工，高中毕业；③董宇凤，女，汉族，1981 年生，河南省商丘市夏邑县园林绿化管理中心职工，初中毕业。

第 2 章

假设句的分类

2.1 引　言

首先，文献中常常提到“如果”假设句、“如果说”假设句、“if”条件句等，这是以标记形式对假设句的分类，根据有无标记可将假设句分为有标记假设句和无标记假设句，然后可以根据具体的标记形式对假设句进行命名。这种分类好操作，也比较容易取得一致意见。其次，可以根据从句表达的内容对假设句进行分类，如张雪平（2017）将假设句分为事实假设句、可能假设句和反事实假设句，王芳（2014）研究了汉语的事实假设句，但关于汉语有没有事实假设还需要重新审视。再次，学界关注较多的是不同假设句语义关系的差异，以及据此对假设句进行的分类，如沈家煊（2003）、徐盛桓（2004a，2004b）、徐李洁（2005b）、Sweetser（1990）等。以上各家的分类仍然存在二分还是三分的争议，语义类别的划分有形式上的标准才好把握，所以，有必要对汉语假设句语义关系类型进行重新梳理。

2.2 可能假设句和反事实[①]假设句

“假设性程度”（degree of hypotheticality）是 Comrie（1986：88-93）针对人类语言的条件句提出来的。所谓“假设性”，指的是条件句尤其是条件小句中所提到的情形实现的可能性，“高假设性”就意味着“低可能性”，而“低假设性”则意味着“高可能性”。假设内部是一个没有明确边界的连

① 学界也称违实。

续统，不同语言可以根据这个连续统区分为不同的程度。事实句代表假设程度最低，反事实句代表假设程度最高。但她同时又指出，条件句本身不表达事实，也不表达反事实命题。她认为英语没有反事实标记，前件或者后件假的条件结构可以从逻辑上推导出来；英语的假设只有较低程度和较高程度的区别，低程度假设用直陈语气，例如（例句引自 Comrie，1986：92）：

（2-1）If you come tomorrow, you will be able to join us on picnic.

（2-2）If the students come on Fridays, they have oral practices in QueChua.

（2-3）If the students came on Fridays, they had oral practices in QueChua.

以现在和将来时间为参照的假设句的从句都是一般现在时，主句有区别，前者用现在时，后者用将来时；以过去时间为参照的假设句的从句和主句都是一般过去时。

相应地，高程度假设时态要后移，例如（例句引自 Comrie，1986：92）：

（2-4）If you came tomorrow, you would be able to join us on picnic.

（2-5）If the students came on Fridays, they would have oral practices in QueChua.

（2-6）If the students had come on Fridays, they would have oral practices in QueChua.

从句的时间比实际所指的后移一级，如指现在则用一般过去时，指过去的则用过去完成时；主句所用的将来时也进行相应的后移，使用过去将来时与从句的过去时匹配，使用过去将来完成时与从句的过去完成时匹配。同时，指将来的从句也用一般过去时，主句用过去将来时。

综上所述，英语的条件句可以区分假设性程度的高低。高程度假设主要通过动词时态的后移来标记，表达现在和将来的假设句的从句要用过去时形式，主句用过去将来时；表达过去的假设句的从句要用过去完成时，主句用过去将来完成时。低程度假设则使用没有时态后移的直陈语气。许多其他欧洲语言也有类似情况，如法语、德语、俄语、拉脱维亚语使用没有时态后移的直陈语气表示低假设性，而在表示高假设性（反事实假设）时，它们却使用以下动词形式：法语在从句中使用未完成过去时，主句中使用条件过去时；德语主从句都使用过去虚拟语气或条件语气；俄语和拉脱维亚语主从句都使用条件语气。还有些语言则通过连词来区分可能假设和反事实假设，如马耳他语中“jekk”用在可能假设句中，而“kieku”用在反事实假设句中；雅浦语中“faqān raa”用于可能假设句，“yugu raa”或者“（goo）-mangea”用于反事实假设句；古希腊语反事实假设句的主句要用“an”标明。（Comrie，1986：92-93）阿拉伯语主要有“in”和“law”两个条件标记，前者用于非反事实条件，后者用于反事实条件。（Traugott et al.，1986：6-7）豪萨语（Hausa）可能假设用“in…（sai）”，反事实假设用“da…da:”。（Caron，2006：70-71）

Comrie（1986：91）认为汉语没有区别假设性程度的手段。例如“Zhang san he-le jiu, wo jiu ma ta.”（转引自 Comrie，1986：91）翻译成英语可对应以下三个句子：“If Zhang San has drunk wine, I'll scold him.”“If Zhang San drank wine, I would scold him.”“If Zhang San had drunk wine, I would have scold him.”

但 Wierzbicka（1997：34）认为汉语条件句有假设性程度的区分，根据朱晓农先生向她提供的例句：

（2-7）假如那时候没发生的话，也就没有 y 了。

（2-8）假如将来不发生的话，就不会有 y。

以上两个句子至少有三方面的差异：首先是两个句子的否定形式不同，一个标记的是过去时，一个是非过去时；其次是使用的时间副词不同，“那时候”指向的是过去事件，而“将来”则表示将来时；最后是情态词“不会”隐含了一种真实的可能性。所以，Wierzbicka 认为汉语条件句没有假设性程度的区分是错误的。

综上所述，汉语有没有假设性程度的区分主要取决于汉语有没有反事实假设标记。关于汉语有没有反事实假设标记，一直是有争议的，有正反两种观点：一种观点与 Comrie（1986）的观点相同，认为汉语没有假设性程度的区别，如美国心理学家Bloom认为：“汉语里没有任何词法、句法或语调手段来表示话题已经进入反事实假设的范围，明确地指出所谈到的事件肯定没有发生，而只是为了讨论过去、现在或将来有可能出现的情况而做的虚设。”（转引自陈国华，1988：10-11）吕叔湘（2004：413）认为“白话所用关系词，多沿袭文言而常两字合用，借以凑成两个音缀。条件之为可能实现与否，在关系词方面无大差别。”蒋严（2000）的研究结果表明汉语条件句没有违实语法标记，其违实义是经语用推理得到的语义，是语句的解释问题，而不是句子的组合语义，英语和汉语在这方面是一致的。王春辉（2010b）也认为汉语反事实假设作为狭义的语法范畴，即通过句法形态来表达某种语义的手段是不存在的，而作为语义语法范畴或者语义范畴是存在的。梅广（2018：90）也认为不同程度的假设在汉语中是一个语义问题，不是句法问题，古代汉语和现代汉语都没有表达反事实条件句的句法手段，因此汉语没有所谓的反事实条件句。

也有学者认为汉语有表达反事实假设标记，如赵元任（1968：116）认为汉语的假设词在表示假设时有程度的区别，条件或假设由下列词表示：要是（与“若是”同源）、要、假如、若是（“如”和“若”仅限于文言）、倘若、假使、倘使和设若。大致按照出现频率的高低和假设可能性的大小排序，越靠后的词越多用于与事实相反的假设。张雪平（2014a）通过对 21 个现代汉语假设连词在北京大学现代汉语语料库中的使用频率和语义功能的考察发现假设连词所表假设义有程度深浅的差异，与其使用频率大致呈负相关，频率越高其假设程度越浅，反之越深，这与赵元任的观点一致。袁毓林（2015：136）认为汉语引导反事实条件小句有自己专门的标记，包括假设连词和否定词的连用形式“如果不是、要不是、若不是”和否定性连词“否则、要不、不然、要不然”，古代汉语中有否定词“微”。陈国华（1988：16）认为汉语的条件从属词大部分是中性的，既可用于开放条件，也可用于假设条件。有些从属词显然不是中性的，如“万一”，它表示不是绝对没有可能，但可能性极小，我们可以算它为准假设条件从属词。另外，像“假如、假若、假使、假设、假定”这些带“假”字的条件从属词，似乎倾向于表达假设条件。汉语真正的假设条件从属词是“要不是、若不是”和文言的“若非”。陈国华（1988）文中的“假设”大致对应于我们所说的“反事实假设”。吕叔湘（2004：412-413）认为文言文中使用“使、令、假、设”等字或者在“使、令”二字前加“如、若”等字的句子多半表示与事实相反的假设。并且，“向使”限用于与过去事实相反的假设。张丽丽（2006）认为上古汉语中的“使”字条件句大都属于背离事实一类：或是设想与过去事实背离的情境，或是设想不符合现状的情境，或是设想不合常理的情境。例如（例句引自张丽丽，2006：11-12）：

（2-9）使桀、纣为匹夫，未始行一而身在刑戮矣。（《韩非子·难势》）

（2-10）上曰：“使武安侯在者，族矣。”（《史记·魏其武安侯列传》）

（2-11）使民无欲，上虽贤犹不能用。（《吕氏春秋·览部·为欲》）

学界普遍认为汉语反事实义的生成是多个因素共同作用的结果。如陈国华（1988）总结生成反事实义的五种形式标记：从句动词的体态、“早”之类的直指词、主句句尾的语气助词“呢”和“了”、条件从属词如“要不是、若非”、给条件从属词加句重音。蒋严（2000）尽管认为违实义是一个语用解释问题，没有专门的违实语法标记，但承认下列六个特征在适当的条件下可以导致违实解读：时间后移、时态脱节、句末助词“了”、副词“真的”、前件取否定命题、质位变换法。王春辉（2016）认为汉语违实义的生成主要与下列五个因素有关：百科知识、语境、标示过去时间的词语、否定、结果小句中的句尾“了”。（雍茜，2015：40）通过语料检索发现，在条件框架下，当过去时、否定和第一人称同时出现时，违实义的引发概率几近100%。前贤研究表明，过去时、否定等词汇或语法形式有助于假设句的反事实解读。

汉语方言中有语法化程度较高的反事实表达形式，如汉语西北方言中有标记反事实假设的后置语气词“价、时价、些”等，例如（例句引自邢向东，2005：44-45；张安生，2006：337）：

（1）神木

（2-12）这场雨要早下上几天时价！（这场雨要早下几天就好了！）

（2）佳县

（2-13）这场雨要早下上几天价！

（3）绥德

（2-14）这场雨要早下上几天嗲（价）！

（4）清涧

（2-15）这场雨要早下上几天嗲！

（5）延川

（2-16）这场雨要早下给几天些！

（6）同心

（2-17）家里不咧来人吵！（家里别来客人就好了！）

还有些方言中标记反事实假设的是语法化程度较低的实义词语，如上海话中的“蛮好”、浙江游龙话中的动词“忘记”、北京话的固化结构“早知道”（强星娜，2011），山西山阴方言中来自时间词的“那会儿”和来自实义动词的“忘了”（郭利霞，2015）、河北万全话中的后置词“先”（宗守云，2018）。例如：

（1）上海

（2-18）我蛮好脱侬一道去白相！（要是我跟你一起去玩儿就好了！）（强星娜，2011：157-160）

（2）北京

（2-19）早知道我早上多吃点啊。（强星娜，2011：157-160）

（3）游龙

（2-20）我忘记尔时考个高中罢。（要是我那时考个高中就好了。）（强星娜，2011：157-160）

（4）山阴（例句引自郭利霞，2015：63-64）

（2-21）这娃娃贵贱不好好儿吃饭。——那会儿给娃娃检查检查。（这娃娃无论如何不好好吃饭。——给娃娃检查检查就好了。）

（2-22）忘了让老白（对丈夫的称呼）给娃娃把书送过去。（让老白给娃娃把书送过去就好了。）

（5）万全

（2-23）上个月下场雨先也不会旱成宰的嘞。（上个月下场雨的话就不会旱成这样了。）（宗守云，2018：267）

汉语方言中的反事实假设句都是表达愿望义的，时间指向过去。事实上，英语也是如此。Dahl（1997）认为英语典型的反事实假设句时间是指向过去的。Wierzbicka（1997）进一步指出英语典型的反事实假设句不但时间指向过去，而且是否定的。这是因为过去通常为已知，对已知事件的虚拟假设有助于传递反事实义，而将来的事件充满未知，对未知事件的假设只能传递不确定的推测义，在这一点上汉语和英语是一致的。

综上所述，无论是汉语普通话还是方言都有表达反事实假设的形式，尽管有些可能需要多个标记合用才能解释为反事实义，有些语法化程度还不够高，但不影响对反事实假设的理解。鉴于此，我们认为汉语有假设性程度的区分，反事实假设句代表假设性程度最高的假设句。

夸克等把英语条件从句所表达的条件分为直接条件和间接条件，其中直接条件有开放条件、假设条件和修辞条件这三种。（Quirk et al.，1985：1088-1097）开放条件又称“真实”“事实”“中立”条件。开放条件句表达的条件可能是真的，也可能是假的，说话人对条件的真实性持中立态度。假设条件又称“封闭”“非真实”“非事实”“反事实”条件。假设条件句表达的条件是虚假的，说话人对条件的真实性持否定态度，认为是不会实现的。例如（例句引自 David，2000：92）：

（2-24）If she took the train, she will have arrived on time. （如果她坐火车，那么她就会准时到达。）

（2-25）If she had taken the train, she would have arrived on time.（如果她真的坐了火车，那么她就不会迟到了。）

（2-24）是开放条件句，是对尚未发生的事件进行推理，说话人对条件的真实性持中立态度；（2-25）是假设条件句，是对已经发生的事件或既成的状态进行推理：假定条件与实际情况相反，那么随之而来的状态也一定与实际结果相反。

修辞条件句形式上与开放条件句相同，但却表达假设条件句的意思，因此可以说是无语法标记的假设条件句。（陈国华，1988：16-17）例如：

（2-26）If they are Irish, I am the pope. （陈国华，1988：17）

张雪平（2017）根据假设条件实现的可能性，将现代汉语假设句分为真实和非真实两类，前者包括可能和事实，后者包括反事实和虚拟。与 Quirk 等（1985）对英语条件句的分类不同，张雪平把真实条件句分成了可能和事实两小类，这两个小类的区别主要在于条件句所述事件是否具有[已定]和[已然]两个语义特征，事实假设句必须具有这两个特征，可能假设句一定不具有[已定]

特征，可以不具有[已然]特征。已定指已经实现或存在的事情。假设句的条件句表达的是说话人的不确定性，重在以此作为预测、推理、比较或说明的前提，说假设句具有[已定]特征似乎不太合适。Comrie（1986：88-89）认为事实句的假设性程度最低，条件句本身不能表达事实，但有些假设条件句在语境中可以解释为事实句，例如：

（2-27）If it's raining, we won't go to the park.（Comrie，1986：89）

可解释为：

（2-28）Since it's raining, we won't go to the park.

Wierzbicka（1997：36）则认为，如果事实句表达的是一个事实，那么它压根儿就不是假设句。

那汉语中到底有没有事实假设句呢？蒋严（2000：268）所说的事实条件句的条件并不是已经发生或主观认定的情况，而是指非违实的或者叫可能的情况。例如（例句引自蒋严，2000：268）：

（2-29）要是有电，灯就会亮。

（2-30）我要是想当教师，就报考师范学院。

（2-31）货要是到了，我就通知你。

这不属于本书讨论的事实假设句。

张雪平（2017）认为现代汉语中有事实假设句，并将其分为类比和非类比两类，类比假设句的典型结构为“如果说……（的话），……那么（则）……”，非类比假设句的典型结构为“如果说……有……的话，那就是/就是……”。

王芳（2014）将事实条件句分为公认事实型和篇章依赖型两种，公认事实型条件小句通常是大多数人（包括说话者）认同的一个事实，结果小句是以此为起点得出的结论；篇章依赖型条件句的内容是从前文中提取出来的，有的是上文列举的可能情况之一，有的是上文报道的一个事实等。但王芳（2014）列举的篇章依赖型条件句中有些并非是事实，例如：

（2-32）可这是天意，还是人谋？如果是天意……如果是人为，这人肯定和翠花有点什么关系。

前文列举了两种情况，但并没有肯定哪一种，不能算事实。另外，即便有些是前文陈述的事实，各家观点也不同。例如，王芳（2014：59）认为具有下列特点的条件句也属于篇章依赖型事实条件句：结果小句多是以条件小句为推理起点得出的结论，或者直接以反问句表示消极评价，或者在语用推理的作用下，通过结论的不合理让受话者推知前件的不合理，整个句子用来表达说话者对条件小句所述事件的否定性态度。这类条件句有学者称为“修辞条件句”（Quirk et al.，1985；陈国华，1988；徐李洁，2005a）。冯春灿（1999：13）将这类条件句称为“逻辑假条件句”并指出，这类条件句在语义上典型地具有言此意彼的特征，在多数情况下不可避免地会带有嘲讽的口吻；主从句往往都是从正面肯定地陈述，但句子的真正意图却是字面陈述的反面：主句陈述的情况一般根据常识、知识等显然是不可能的，有时甚至是荒唐的，借此表明从句所述情况也肯定是不可能的。徐李洁（2005b）将这类条件句归入真实条件句中的非真正条件句，即主从句的语义关系不是表示客观真实世界中事件自然的因果或使然关系，主从句之间的“条件”关系已经引申为主句表示说话人对从句内容的阐释或评述。陈国华（1988）和蒋严（2000）都将这类条件句归入了反事实条件句。看来各家对这类条件句的认识还是存在分歧的，有的将其归入真实条件句，如徐李洁（2005b）、冯春灿（1999）、张雪平（2017）等；有的将其归入反事实条件句，如陈国华（1988）、蒋严（2000）等；王芳（2014）则将其归入事实条件句。那么我们首先要理清楚到底什么是“事实”。蒋严（2000：257）指出，事实并不一定是客观的事实，也可以是说话者或句子主语所指称的个人主观相信的事实。张雪平（2017：93）认为假设条件从句所述事情发生的可能性的大小既与客观实际有关，也与说话人的主观认识有关。王春辉（2011：118）也指出，语义分类事实上依据的是说话人的认识状态（epistemic status）：当说话人知道条件小句所指称的情形已经发生、发生着或将要发生时，就会用真实条件句；当说话人不知道所指称的情形是否发生了、发生着或将要发生时，就会用假定条件句；当说话人知道所指称的情形没有发生、不发生或不会发生时，就会用违实条件句。张其昀（2015：150）也指出，“违实”是指所“说”内容虚假、荒诞、不可信（当然这都是为指称者所主观认定的，客观上未必）。综上所述，条件句表达的是事实还是反事实跟说话人的主观认识有关，说话人主观认为其不存在或者是虚假的条件句，就是反事实条件句，反事实条件句也可以通过主句直接否定从句，例如：

（2-33）如果你认为他们无非是仅仅跑跑腿、磨磨嘴的推销商，那就大错特错了。（报刊精选，1994 年；转引自 CCL 语料库①）

（2-34）读者如果认为这是萧伯纳的反复无常，那就大错特错了。（向宏《萧伯纳作“跋”》；转引自 CCL 语料库）

（2-35）如果把外销不畅的产品转向国内销售，这就大错特错了。（报刊精选，1994 年；转引自 CCL 语料库）

（2-36）如果说这就是爱情，我一定要予以否认。（王小波《2015》；转引自 CCL 语料库）

也可通过主句的荒谬来推知条件从句的虚假，例如（例句引自邢福义，2002：509）：

（2-37）如果你是关云长，我就是张翼德。

（2-38）如果你是白骨精，我就是孙悟空。

上述例句均反映了说话人认为条件句所表达的内容是虚假的，所以应当归入反事实条件句。归入真实条件句或者事实条件句的可能认为条件句是前文出现过的信息或者对话中刚刚获知的新信息。（王芳，2014）但从说话人角度来说，从句表述的内容是不符合事实的，通过引入假设条件句对其进行否定或者反驳。

那么，汉语到底有没有表达事实假设句的形式呢？周自厚（2001）认为“如果说”引导的假设句的前面分句都是用虚拟语气摆出的某一事实，即事实假设句。他将“如果说”假设句分为典型式和非典型式，典型式指表比较的假设句，包括比况式和非比况式，例如：

（2-39）如果说以往对铁路的支持还停留在觉悟层次，那么现在则更多了理性选择。(《人民日报》1994 年；转引自 CCL 语料库）

（2-40）如果说家庭是使人社会化的第一个场所，那么可以说同伴是第二个场所。（王登峰、张伯源《大学生心理卫生与咨询》；转引自 CCL 语料库）

（2-41）如果说长江是人体的主动脉的话，这南广河充其量也只是一根小小的毛细血管。（邢福义，2001：91）

---

① CCL 语料库检索网址为 http://ccl.pku.edu.cn:8080/ccl_corpus/index.jsp，全书同。

（2-39）和（2-40）是非比况式的，（2-41）是比况式的。

非典型式“如果说”假设句是表示解注的，例如：

（2-42）如果说有阅读技巧的话，在我看来，就是读过的东西要反复读，在读中慢慢体会。（周自厚，2001：47）

（2-43）如果说还有最后一个办法，最后一道生机，那就是寻找最知心的朋友倾诉一番。（电视访谈《鲁豫有约》；转引自 CCL 语料库）

学界倾向于将“如果说”引导的假设句看作事实假设句，但实际上“如果说”假设句内部还比较复杂，从各家分析的结果来看，事实假设句的范围不尽相同。例如，比况式的假设句是不是事实假设句？张雪平（2017）将其归入非真实假设句中的虚拟假设句，以区别于反事实假设句，而王芳（2014）将其归入了事实假设句，但从句表达的内容并不是客观世界中发生或实现的事件，只是说话人主观想象的，标记词也可以是“如果”。例如（例句引自高再兰，2006：33；周自厚，2001：48）：

（2-44）如果你是风，我就是那无语倾听的云。

（2-45）如果你是那海，我愿是那沙滩。

（2-46）如果祖国是千万年不落的太阳，我愿是一丝光线，哪怕转瞬即逝也要给人温暖和光明。

（2-47）如果老师是园丁，那么学生就是园丁的花朵。

（2-48）如果我们把速成教学比为一座大厦，那么时间就是这座大厦的基石。

所以，我们认为这类假设句不是事实假设句，因为假设分句表达的内容客观上是不可能实现的，而且学界一般将“虚拟”理解为假设或者反事实，为了避免术语的混乱，我们不建议用“虚拟假设句”这一名称，所以我们将其归入反事实假设句。

事实上，“如果”也可以引导非比况式比较假设句。例如：

（2-49）如果一部分的商人、地主和官僚是中国资产阶级的前身，那么，一部分农民和手工业工人就是中国无产阶级的前身了。（邢福义，2001：91）

但是，从语言习惯看，“如果”主要表示具有实质蕴涵关系的逻辑推理，“如果说”主要表示隐喻推理。（李晋霞、刘云，2009：361）

综上所述，承认汉语有事实假设句的学者普遍认为汉语事实假设句倾向于选择“如果说”作为标记形式，这可能跟“如果说”源于引述用法有关，引述的内容总是已经发生或实现的事件。“如果说”尤其用于比较型假设句，作为比较的前提出现时，说话人主观上也认为其存在，很容易被解读为事实假设句；但假设具有不确定性，一个公认的事实，进入假设句格式也带有了不确定性，如对于（2-39），可能有些人并不这么认为，说话人并没有承诺假设条件句一定是真的。李晋霞和刘云（2003：63）认为“如果说”中的“说”是传信范畴的一种表现形式，所表达的传信义是表明说话者对所说内容的真实性持弱信任态度。

另外，一般将结构框架为“如果说……有……的话，那就是/就是……”的假设句归入事实假设句，假设从句引入一个话题，主句通过具体实例对其进行说明，表明说话人主观认定从句表述的内容是存在的。事实上，解注型假设句也往往带有不确定性，例如：

（2-50）如果说做学问有什么诀窍，那么最大的诀窍就是勤奋。（邢福义，2001：373）

（2-51）如果说小居里夫妇从居里夫妇那里继承了什么遗产，那就是继承了为科学而献身的精神遗产。（邢福义，2001：91）

实际上说话人并不认为“做学问有诀窍”，不认为“小居里夫妇从居里夫妇那里继承了遗产”，重在强调主句表达的内容。

有些“如果说”假设句则是直接通过一个荒谬的结论来反驳假设条从句，即主观上认为从句表述的内容是假的，例如（例句引自沈家煊，2006：172）：

（2-52）如果说你是牛郎，我就是织女。

（2-53）如果说你是老虎，我就是武松。

因为事实和假设本来就是矛盾的，所以，我们认为假设句不可能表达一个事实，不存在事实假设句。

综上所述，即便有些假设句的分句是已经发生或实现的事实，但进入假设句这个复句格式便具有了不确定性。复句格式，指凭借特定关系词语构成的“有标复句”句式，复句格式的选择受复句语义关系的制约，但复句格式一旦形成，就会对复句语义关系进行反制约，格式所标明的语义关系直接反映了格式选用者的主观视点。（邢福义，2002：499）邢先生的论述非常深入而且富有启发性，假设格式表达的事件，不管事件本身是客观上已经发生或者实现的还是不可能发生或者实现的，说话人主观上都将其看作不确定的事件，这是复句格式对语义的反制约。

假设句根据假设条件句实现的可能性分为两类：从句表达的内容可能实现的是可能假设句，不可能实现的是反事实假设句。张丽丽（2006）在研究“使”字条件句时将条件分句区分为“可能成立”和“背离事实”（conterfactual）两种类型，即可能假设和反事实假设，跟我们的观点是一致的。

2.3　原型假设句和非原型假设句

根据原型理论，自然类的边界往往是模糊的，相邻范畴常常不是由严格的边界截然分开，其边缘成员往往混入对方的类别；自然各类成员地位并不平等，有较好的成员和较差的成员之分。例如，在“鸟”的类别中，知更鸟和麻雀就是较好的成员，而鸵鸟、企鹅则处于范畴的边缘，是较差的成员。最好的成员即最具原型性（prototypicality）的成员，原型性更高的成员具有更多的与其他同类成员共有的属性，并具有更少的与相邻类别的成员共有的属性。（张敏，1998：53）

一个范畴中的原型成员更具有代表性，更容易被激活。例如，说到现代汉语的假设句，我们首先联想到的是“如果句”，尽管现代汉语中还有其他表示假设的标记，如“要、要是、假如、假使、如、若”等。同样地，说到英语的条件句，首先联想到的是“if”条件句，尽管英语中还有“supposing/assuming that、on condition that、provided/providing that”等引导的条件句。所以，“如果句”是现代汉语中典型的假设句①，“if”条件句是英语中典型的条件句。但从语义关系来看，无论是汉语的“如果句”，还是英语的“if”条件句，其内部成员都是有差异的。

① 首先，北京大学现代汉语语料库、国家语委现代汉语语料库检索结果表明，在所有的有标记假设句中，标记为“如果”的数量最多，这在某种程度上说明“如果”假设句在现代汉语中使用频率最高。另外，学界也普遍认为，“如果”是典型的假设标记，如王维贤等（1994：154）、邢福义（2002：41）等。

马建忠在《马氏文通》（2000：424）中说道："言效者，则假设之读乃其效之因也。……拟议设想者，皆以言事之未定，而或假设其事以观其效之有无或理之向背也。"吕叔湘（2004：427）认为假设句、推论句、因果句三种句法表示的是根本上相同的一个关系：广义的因果关系，包括客观的即事实的因果和主观的即行事的理由、目的等。邢福义（2002：83）所谓的假设，实际上是一种待实现的原因，因此假设句也属于因果类复句。

如果不考虑从句是否是事实，很多假设句都可以变换为因果复句，例如：

（2-54）如果我不能及时拿回我的护照，我便不能履约。（王朔《橡皮人》；转引自 CCL 语料库）

（2-55）如果你东西没问题，我们马上拉走，当场成交。（王朔《橡皮人》；转引自 CCL 语料库）

上述例句可以变换为因果句：

（2-54'）因为我不能及时拿回我的护照，所以我便不能履约。

（2-55'）因为你东西没问题，所以我们马上拉走，当场成交。

但是，有些假设句却不能用因果关系来概括，例如：

（2-56）如果说过去我对上学只是厌倦，现在则完全是厌恶了。（王朔《动物凶猛》；转引自 CCL 语料库）

（2-57）如果你乐意，我可以完璧归赵。（王朔《一半是火焰，一半是海水》；转引自 CCL 语料库）

上述例句不能变换成（2-56'）和（2-57'）中的因果句：

*（2-56'）因为过去我对上学只是厌倦，所以现在则完全是厌恶了。

*（2-57'）因为你乐意，所以我可以完璧归赵。

与汉语假设句对应的英语"if"条件句也存在类似现象，例如：

（2-58） If it is raining, (then) the ground gets wet. （徐盛桓，2004a：331）

（2-58'）Because it is raining, (then) the ground gets wet.

（2-59）We had fine weather last Friday, if you remember. （徐李洁，

2003：136）

*（2-59'）We had fine weather last Friday, because you remember.

（2-60）She is resigning, if you know what I mean.（徐盛桓，2004a：331）

*（2-60'）She is resigning, because you know what I mean.

英语 if 条件句的复杂性同样引起了语言学家的广泛关注，基于从句和主句之间有无因果关系，学者们对其进行了不同的分类：Quirk 等（1985）将 if 条件从句分为直接条件句、非直接条件句和修辞条件句；Dancygier（1998）将 if 条件句分为可预见性条件句和不可预见性条件句；徐李洁（2005b）将 if 条件句分为真正条件句和非真正条件句，又根据分句与主句的语义关系、分句与语境的关系和分句的位置，将后者分为推论条件句、言语行为条件句和元语篇条件句。尽管上述各家划分出的类型不同，但第一层基本上都是二分，其中“直接条件句、可预见性条件句和真正条件句”的从句和主句之间均具有直接因果关系，相对的另一类不具有直接因果联系。另外，冯春灿（1999）描写了 19 类含 if 的真实条件句，包括非严格条件意义的 if 条件句，这些小类有的有直接因果联系，有的没有。徐盛桓（2004a）在逻辑–实据语用嬗变理论框架内将条件句分为逻辑条件句和实据条件句，其中前者又分为常理条件句、惯例条件句和可能条件句，后者分为思–言条件句和强化条件句两类，从逻辑条件句的常理、惯例、可能到实据条件句的总的趋势是受充分条件规则制约越来越弱，受实据影响越来越多。这种理论框架内的逻辑条件句和实据条件句中的强化条件句的从句和主句之间有因果联系，其他类型则没有；Comrie（1986：80-81）认为在多数情况下，条件句的两个小句之间具有因果关系，从句可理解为主句的原因，并将其看作条件句的特征之一，并且将类似于“If you want to know, ten isn't a prime number.”的条件句看作具有间接因果关系的条件句；Sweetser（1990）运用“content, epistemic modality, speech act”（即“内容、认识、言语行为”）三个概念分析了英语条件句，后两类从句和主句之间没有直接的因果联系；徐李洁（2003）指出法语、俄语、日语中也有类似于英语的非真正条件句。汉语学界较早从语用角度来分析汉语假设句的是王维贤等（1991），该著作分析了反事实性假设句、时间性假设句、对比性假设句、解证性假设句和依变性假设句等，上述假设句的从句和主句之间一般不存在直接因果联系。非直接因果关系假设句其实就是逻辑关系在语境的影响下发生的嬗变（见徐盛桓，2004b）；邢福义（2001：363）认为“如果说 A，那么就 B”表示说法上的假设与结论，指出了这类假设句的特殊性。

沈家煊（2003）在 Sweetser（1990）的基础上区分和界定了三个既有区别又有联系的概念域，即行域、知域和言域。“行”指行为、行状，跟“行态”或“事态”有关；“知”指知识、认识，跟说话人和受话人的知识状态，即“知态”有关；“言”指言语、言说，是用以实现某种意图的言语行为，如命令、请求等，跟言语状态即“言态”有关。这三个概念域可用来分析复句内部复杂的语义关系，也可以用来分析假设句，例如（例句引自沈家煊，2003：196）：

（2-61）如果明天下雨，比赛就取消。[行域]

（2-62）如果比赛取消了，昨天就下雨来着。[知域]

（2-63）如果比赛真的取消，太阳就从西边出来了。[言域]

行域描述的是客观世界中两个事件之间的事理关系，即两个事件背后的逻辑联系；知域描述的是主观世界中两个事件之间的推理关系；言域描述的是言语行为之间的关系。

张宝胜（2006）根据沈家煊（2003）的研究制定出了鉴别三域的标准，涉及假设句的有：如果主句是问句或者祈使句，应当在言域中来理解；结果永远为假的假设句应当在言域中理解；结果为假的假设句若颠倒假设和结果，形成新的假设句，仍应在言域中理解；“如果说……”类假设句形式，若实际表达递进或转折的内容，则应在言域中理解。但上述标准只概括出部分语言规律，不具有排他性，如“如果你乐意的话，我领你去。”虽然只能在言域中来理解，但并不能用上述标准归类。根据言语行为理论，说出一个陈述、要求等就是做了一个陈述、要求等行为。徐盛桓（2004b）指出，行域中假设句的主句前也可添加表言语行为的动词以标明言语行为的类型，例如：

（2-64）If it is raining, (then) the ground gets wet.

（2-64'）If it is raining, *I predict* the ground gets wet.

那么主句前能添加言语行为动词的也不一定是言域中的假设句了。语言现象较为复杂，尤其是知域和言域中复句的理解要依赖于语境，主观性比较强，有的加上不同的语境就会有不同的理解。鉴于此，徐盛桓（2004b）将其都归入思-言条件句，称之为条件的弱化，即条件的内容弱化为适合作为结果分句的言语行为或思想活动的条件，而同该分句所表示的言语行为或思想活动的内容没有直接的条件-结果关系；徐李洁（2003）将其都归入非真正条件条件句。沈家煊（2009）指出复句遵循的事理除了一般的事理，还有认识的事理和语用的事理。其实后两种事理都是对其应该遵循的逻辑语义的偏离，这也是语言运用中不可避免的。上述各家对假设句的语义分类，不管是二分还是三分都未尝不可，关键要有一个可操作的标准，二分根据主从句之间是否有直接的因果关系来分，看似简单易行，但事实上，分句间并不能根据是否具有直接因果关系截然分开的，即便分成两类，其内部似乎并不统一。

综上所述，假设句的内部成员是复杂的，我们借鉴原型理论来分析其内部差异，徐李洁（2008：62）一般认为，若 A 事物能导致 B 事物的形成、出现、实施、变化、发展等，那么 A 事物就是 B 事物的形成、出现、实施、变化、发展等的条件。A 为前件，B 为后件，前件与后件有因果关系。正如学者们所观察到的，从句和主句具有直接的因果关系的假设句是假设句的原型成员，相应地，不具有直接因果关系的假设句是其非原型成员。

2.3.1　原型假设句

如果假设句的从句用 p 表示，主句用 q 表示，从命题内容上看，p 和 q 之间具有逻辑事理上的因果联系的是原型假设句。例如：

（2-65）如果明天下雨，比赛就取消。

（2-66）如果天下雨，那么地就湿。

（2-67）如果你不努力学习，你就考不上大学。

（2-68）如果用火将水加热，水的温度就升高。

“明天下雨”是“比赛取消”的充分条件，但并不是唯一条件，其他条件也可能导致“比赛取消”；“下雨”可以导致“地湿”，但“地湿”也可能是由其他原因，如人工洒水造成的；“不努力学习”会导致“考不上大学”，但“考不上大学”也可能是其他原因，如发挥不好等造成的；“用火将水加热”会导致“水的温度升高”，但使“水的温度升高”还有其他的途径。

原型假设句一般可以转换成因果句。例如（2-65）—（2-68）可分析为：

（2-65’）因为明天下雨，所以比赛就取消。

（2-66’）因为天下雨，所以地就湿。

（2-67’）因为你不努力学习，所以你就考不上大学。

（2-68'）因为用火将水加热，所以水的温度就升高。

从内容上看，这类假设句主要有两种类型：

第一，假设句表达的是一种不受时空条件和人的主观意志限制的普遍规律，例如：

（2-69）如果把金属加热，金属就会膨胀。
（2-70）如果把水加热到100℃，水就会沸腾。
（2-71）如果商品供应减少了，商品的价格就会上涨。
（2-72）如果货币发行过多，就会产生通货膨胀现象。
（2-73）如果一个三角形的两条边相等，那么这个三角形是等腰三角形。
（2-74）如果一加一，那么等于二。

（2-69）和（2-70）表达的是自然规律，（2-71）和（2-72）表达的是社会规律，（2-73）和（2-74）表达的是科学事实。一般规律和科学事实，不是来自对个别人、个别事的特定了解，而是具有客观性，容易达成认识上的一致。假设句的从句表达的内容都是主句表达内容的原因，可以转换为因果句。例如：

（2-69'）因为把金属加热，所以金属就会膨胀。
（2-70'）因为把水加热到100℃，所以水就会沸腾。
（2-71'）因为商品供应减少了，所以商品的价格上涨了。
（2-72'）因为货币发行过多，所以就会产生通货膨胀现象。
（2-73'）因为一个三角形的两条边相等，所以这个三角形是等腰三角形。
（2-74'）因为一加一，所以等于二。

第二，假设句表达的是行为者的一种习惯或者人们的常规经验，例如：

（2-75）如果吃完晚饭，我就去散步。
（2-76）如果是礼拜天，他就去教堂。
（2-77）如果他努力学习了，他就会考上大学。
（2-78）如果天下雨，那么地就湿。

（2-75）和（2-76）表达的是个人的习惯，换一个人情况也许会不同；（2-77）和（2-78）表达的是人们的常规经验。从句表达的内容是主句表达内容的原因，例如：

（2-75'）因为吃完晚饭，所以我就去散步。

（2-76'）因为是礼拜天，所以他就去教堂。

（2-77'）因为他努力学习了，所以他就会考上大学。

（2-78'）因为天下雨，所以地就湿。

表达客观规律或者行为者的习惯的事件之间的逻辑联系是经过科学证明或说话人根据对现实世界的观察概括出的某种规律，从句表达的内容是主句表达事件存在、发生、发展变化的原因，它们之间的逻辑关系较容易为人们所认知。所以假设句的从句和主句都是断言句，这些假设句［如（2-69）—（2-78）］中的“如果”均可替换为“只要”：

（2-69"）只要把金属加热，金属就会膨胀。

（2-70"）只要把水加热到 100℃，水就会沸腾。

（2-71"）只要商品供应减少了，商品的价格就会上涨。

（2-72"）只要货币发行过多，就会产生通货膨胀现象。

（2-73"）只要一个三角形的两条边相等，那么这个三角形是等腰三角形。

（2-74"）只要一加一，那么等于二。

（2-75"）只要吃完晚饭，我就去散步。

（2-76"）只要是礼拜天，他就去教堂。

（2-77"）只要他努力学习了，他就会考上大学。

（2-78"）只要天下雨，那么地就湿。

2.3.2　非原型假设句

沈家煊（2003）认为言语行为主要包括提问、命令、请求、建议、许诺、提醒、断言等。断言就是下判断，根据主句是否是断言，可将非原型假设句分为断言假设句和非断言假设句。

1. 断言假设句

1）回溯推理假设句

有的从句是说话人推出主句的条件，假设句的分句之间不是逻辑事理上的关系，而是说话人主观认识上的推理关系，即“如果知道 p，那么我推断 q”。例如：

（2-79）如果水沸腾了，那么水就加热到了 100℃。
（2-80）如果地湿了，那么昨天就下雨来着。
（2-81）如果你没考上大学，那么你没有努力学习。
（2-82）如果他在教堂，那么今天是礼拜天。

上述假设句可以分别解释为：

（2-79'）如果知道水沸腾了，那么我推断水加热到了 100℃。
（2-80'）如果知道地湿了，那么我推断昨天下雨了。
（2-81'）如果知道你没考上大学，那么我推断你没有努力学习。
（2-82'）如果知道他在教堂，那么我推断今天是礼拜天。

从句和主句之间具有因果关系，如上例可变换为：

（2-79"）因为水加热到了 100℃，所以水沸腾了。
（2-80"）因为昨天下雨了，所以地湿了。
（2-81"）因为你没努力学习，所以你没考上大学。
（2-82"）因为今天是礼拜天，所以他在教堂。

上述假设句实际上是原型假设句的反推，例如（2-80）实际上是“如果昨天下雨了，那么地就湿”的反推。但根据充分条件假言命题的真值表（肯定后件，不能必然肯定前件）可知，由“地湿了”不能必然推断出“昨天下雨了”；同样地，由“你没考上大学”不能必然推断出“你没有努力学习”；由“他在教堂”不能必然推断出“今天是礼拜天”；由“水沸腾了”不能必然推断出“水加热到了 100℃”，因为沸点跟气压有关，气压低于标准大气压，沸点就会低于 100℃。以（2-80）为例，其推理过程为：

前提：如果天下雨，那么地就会湿。

结果：地湿了。

推论：昨天下雨了。

这就是回溯推理，根据沈家煊（2004：245），回溯推理不同于演绎推理，演绎推理的结论必定为真，回溯推理的结论不一定为真，而是很可能为真。跟演绎推理一样，回溯推理也是一种三段论推理，只是它的大前提是常识或事理，小前提是事实或结果。回溯推理其实就是从演绎推理的结果出发，根据大前提推出小前提的推理。大前提是顺应事理的原型假设句“如果天下雨，那么地就会湿”。由于导致某一结果的原因可能有多个，所以回溯推理结论不一定正确，但却是人们常规思维的一种反映，对语法化和构式义的形成具有较强的解释力。例如，“X 死了”“X 得不行”“X 得受不了”“X 得不能再 X 了”等高程度义的形成机制均为回溯推理，其推理过程如下：

前提：如果某种性状达到了最高程度，那么就达到了极限。

结果：达到了极限。

推论：达到了最高程度。

上述补充结构的补语均为极限义，如“死”是生命的极限，“受不了”是主观能承受的极限等，所以通过回溯推理，表极限义的词语可以表达最高程度义。

由于这种推理所根据的大前提是顺应事理的，符合一般逻辑规律，两个分句之间具有因果联系，并且人们对这种符合客观规律和行为习惯的因果联系又比较熟悉，所以给出其中的一部分（结果分句）很容易激活另一部分，这种推断有一定的逻辑基础。

2）隐喻推理假设句

沈家煊（1998）指出：隐喻就是用一个具体概念来理解一个抽象概念的认知方式，常说成是从一个认知域到另一个认知域的投射。隐喻的一个重要特点是两个域的总体概念结构有相似之处，而且在投射过程中保持不变。隐喻推理型假设句主要用“如果说”引导，即如果承认从句表述的内容就必须承认主句表述的内容。从句可看作推出主句的条件。例如：

（2-83）如果说父母亲的遗传素质是优生的基础，那么，孕期保健则是优生的重要保证。（沈倩《生活健康密码》；转引自 CCL 语料库）

（2-84）如果说章草是隶书的快写体，那么今草也可以说是楷书和行书的快写体。（《中国儿童百科全书》；转引自 CCL 语料库）

（2-85）如果说骄傲是前进到了极限的标志，谦虚则相反，是极限远

远没有达到的标志。（冯友兰、涂又光《中国哲学简史》；转引自 CCL 语料库）

（2-86）如果说伏尔加河是俄罗斯的母亲，那么乌拉尔山是俄罗斯的父亲。（文美惠、朱雯、施蛰存《当代世界文学名著鉴赏词典》；转引自 CCL 语料库）

（2-87）如果说辩证唯物主义是一座大厦，物质就是这座大厦的基石。（《中国儿童百科全书》；转引自 CCL 语料库）

（2-88）如果说椭圆星系是太空中的“老人国”，那么不规则星系就是一个“小人国”。（《中国儿童百科全书》；转引自 CCL 语料库）

（2-83）—（2-85）是比较，假设句的从句和主句都是断言句，其中断言的对象构成一个认知域，断言的内容构成一个认知域。如（2-83）中，“父母的遗传素质”和“孕期保健”构成认知域 A，“优生的基础”和“优生的重要保证”构成认知域 B，两个概念域的总体概念结构相似，即“父母的遗传素质”和“孕期保健”之间的关系跟“优生的基础”和“优生的重要保证”之间的关系相似，是由认知域 A 向认知域 B 的投射。（2-86）—（2-88）是比况，假设句的从句和主句都是比喻句，但同样是隐喻推理，如（2-86），“伏尔加河”和“乌拉尔山”构成认知域 A，“俄罗斯的母亲”和“俄罗斯的父亲”构成认知域 B，“伏尔加河”和“乌拉尔山”之间的关系与“俄罗斯的母亲”和“俄罗斯的父亲”之间的关系相似。

认知域 A 和 B 内两个概念之间的关系有些很具体，有的是程度的变化，例如：

（2-89）如果说优秀的教授是稀缺资源，那么有领导能力的商学院院长就是更为稀缺的资源。（中文学术文献语料；转引自 CCL 语料库）

（2-90）如果说，全村人对王刚的胡来还仅仅是指责，现在对于李凿却是深恶痛绝了。（邢福义，2001：440）

（2-91）如果说过去我对上学只是厌倦，现在则完全是厌恶了。（王朔《动物凶猛》；转引自 CCL 语料库）

（2-92）如果说女人天性爱做梦，那么一个搞艺术的女人，梦就更多了。（南平《郑小瑛的梦》；转引自 CCL 语料库）

（2-89）中“优秀的教授”和“有领导能力的商学院院长”之间的关系跟“稀缺资源”和“更为稀缺的资源”关系相似，（2-90）中“全村人对王刚的胡来”和“现在对于李崮”的关系跟“指责”和“深恶痛绝”的关系相似，（2-91）中“过去我对上学”和“现在（我对上学）”的关系跟“厌倦”和“厌恶”的关系相似，（2-92）中“女人”和“搞艺术的女人”的关系跟“爱做梦”和“梦就更多了”的关系相似，都是表示某种程度加深，用 B 概念域来说明 A 概念域，更为直观。

有的是整体和部分的关系，例如：

（2-93）如果说数学是一幅图的话，符号就是图上的线条。（《中国儿童百科全书》；转引自 CCL 语料库）

（2-94）如果说辩证唯物主义是一座大厦，物质就是这座大厦的基石。（《中国儿童百科全书》；转引自 CCL 语料库）

（2-93）中“数学”和“符号”的关系跟“图”和“图上的线条”之间的关系都是整体和部分的关系，（2-94）中“辩证唯物主义”和“物质”的关系跟“大厦”和“大厦的基石”之间的关系也是整体和部分的关系，并且部分都是整体必不可少的、最根本的组成部分。

有的是一般与具体的关系，例如：

（2-95）如果说现代化的机场，是现代化都市的标志的话，北京首都国际机场正是北京成为现代化国际大都市的象征。（《人民日报》1994 年；转引自 CCL 语料库）

（2-96）如果说，世界上每种事物都有它自己的理，那么，作为一种具有具体存在的组织，国家也一定有国家之理。（冯友兰、涂又光《中国哲学简史》；转引自 CCL 语料库）

（2-95）中“现代化的机场”和“北京首都国际机场”的关系跟“现代化都市的标志”和“北京成为现代化国际大都市的象征”之间的关系都是一般与具体的关系，（2-96）中“世界上每种事物”和“国家”的关系跟“它自己的理”和“国家之理”的关系都是一般与具体的关系。假设句的从句说的是一般事理或者现象，主句则是这个一般事理的具体例证。

隐喻推理型假设句一般是从一个抽象概念域向一个具体概念域的投射，用具体概念域来说明抽象概念域，更容易理解。这类假设句，有时也可以用

“如果”引导，主要是比况式的。例如：

（2-97）如果我是海洋，你倒像太空。（琼瑶《雁儿在林梢》；转引自CCL语料库）

（2-98）如果你是一棵大树，他只能是小草。（报刊精选，1994年；转引自CCL语料库）

（2-99）如果你是鲜花，我就是这干皱的果实。（《读者》；转引自CCL语料库）

3）反事实假设句

有些假设句的结论并不能从前提中推导出来，两个分句之间没有因果联系，并且，假设从句是个假命题。例如：

（2-100）我要不夺机关枪，我不姓王！（李晓明《平原枪声》；转引自CCL语料库）

（2-101）如果我骗你，我就不是个东西。（于晴《苹果之恋》；转引自CCL语料库）

（2-102）如果你是一匹烈马，那套在你身上的拉套就是——冒险和超前。（报刊精选，1994年；转引自CCL语料库）

（2-103）如果地球不转了，我就嫁给你。

上述假设句不能变换为因果句：

*（2-100'）因为不夺机关枪，所以我不姓王！

*（2-101'）因为我骗你，所以我不是个东西。

*（2-102'）因为你是一匹烈马，所以那套在你身上的拉套就是——冒险和超前。

*（2-103'）因为地球不转了，所以我就嫁给你。

也不是回溯推理，不能变换成逆因果句：

*（2-100"）因为我不姓王，所以我不夺机关枪。

*（2-101"）因为我不是个东西，所以我骗你。

*（2-102"）因为那套在你身上的拉套就是——冒险和超前，所以你是一匹烈马。

*（2-103”）因为我嫁给你，所以地球不转了。

上述假设句不是原型假设句，也不是非原型假设句中的回溯推理假设句，也不是表示比较或比况的隐喻推理假设句；由于从句是个假命题，不符合客观事实规律或者说话人主观认定其为假，我们将其归入非原型假设句中的反事实假设句。这类反事实假设句没有专用反事实假设标记，根据反事实义解读方式的不同，这类假设句又可以分为语义解读型和逻辑推理型两类。

A. 语义解读型

这类假设句的从句表述的内容明显是个假命题，分为三种情况。

a .从句是虚拟换位

这类反事实假设通过虚拟换位，将自己或者受话人想象成其他对象，意在表达某种话语功能。有的是表达说话人的建议。例如：

（2-104）如果是我，我会首先考虑天然材料。（《人民日报》2000 年；转引自 CCL 语料库）

（2-105）如果我是导演，我会让他们去扮演黑社会打手或是流氓地痞。（卞庆奎《中国北漂艺人生存实录》；转引自 CCL 语料库）

（2-106）如果我是老板，我现在要考虑的是如何盘活整个资产，而不是救活每一个企业。（《人民日报》1994 年；转引自 CCL 语料库）

（2-107）如果我是胡杏，我就把那杯药喝了下去，看他能把我怎么的！（欧阳山《苦斗》；转引自 CCL 语料库）

上述假设句通过虚拟换位，主句表面上说自己会怎么做，其实是建议对方应该怎么做。如（2-104）建议首先考虑天然材料，（2-105）建议让他们去扮演黑社会打手或是流氓地痞，（2-106）建议考虑如何盘活整个资产而不是救活每一个企业，（2-107）建议胡杏把那杯药喝下去。

有的根据语境可以判断出从句是个假命题，例如：

（2-108）如果我是法官，我一定会抓几个炮制这种“文化”的无耻文人，可惜我不是。（《市场报》1994 年；转引自 CCL 语料库）

（2-109）如果我是某文化单位的长官，我一定会开除几个这种文化败类，可惜我不是。（《市场报》1994 年；转引自 CCL 语料库）

（2-110）如果我是税务官，我一定会重罚这些倾销精神鸦片不法分子，

可惜我又不是。(《市场报》1994 年；转引自 CCL 语料库)

假设句的后续句“可惜我不是”/“可惜我又不是”表明从句是个假命题，是说话人的虚拟想象，意在表达自己的建议或者看法。

有的是对受话人的做法表示反对或者不赞成。例如：

(2-111) 如果我是你，我就不会回答这样的问题。这是一个不公平的问题。(新华社 2002 年新闻报道；转引自 CCL 语料库)

(2-112) 如果我是你，我就不那么孱头！我一定要跟她报仇！(欧阳山《三家巷》；转引自 CCL 语料库)

(2-113) 假如我是你，送过一次也罢了，何必还赶这一场伤心的离别？(冰心《我的良友——悼王世瑛女士》；转引自 CCL 语料库)

(2-114) 如果我是你，我不会放弃杨政文，不会放弃唾手可得的东西。(张小娴《荷包里的单人床》；转引自 CCL 语料库)

上述假设句通过虚拟换位，主句表面上说自己不会怎么做，其实是对对方的做法表示反对。如（2-111）反对受话人回答这样的问题，（2-112）不赞成受话人那么孱头，（2-113）不赞成受话人赶这一场伤心的离别，（2-114）反对受话人放弃杨政文和放弃唾手可得的东西。

有的是表达说话人的认同。例如：

(2-115) 如果我是那个他后来遇到的姑娘，我——肯定也会躲起来——(艾米《山楂树之恋》；转引自 CCL 语料库)

(2-116) 爱了那么久，不知道怎么放手，如果我是你也是一样的。(影视《非诚勿扰》；转引自 CCL 语料库)

(2-117) 姐，我不怨你，如果我是你，也会这么做……(影视《孙子兵法与三十六计》；转引自 CCL 语料库)

上述假设句通过虚拟换位思考，表达换位者对被换位者的认同。

有的意在求解。例如：

(2-118) 如果你是他，到了那种时候，你会怎么样？(古龙《圆月弯刀》；转引自 CCL 语料库)

(2-119) 如果你是我方最高指挥官，你现在会如何做？(柳建伟《突

出重围》；转引自 CCL 语料库）

（2-120）如果你是我，你会怎样做？（岑凯伦《合家欢》；转引自 CCL 语料库）

（2-121）如果你是我，你会怎么样应付呢？（[日]田中芳树《银河英雄传说 02》；转引自 CCL 语料库）

上述假设句通过受话者和说话者或第三者的虚拟换位，以提问的方式向受话者寻求答案。

b. 从句是比喻句

这类反事实假设句通过比喻虚拟，实施比较等话语功能或者表达说话者的主观愿望。

有的是比较。例如：

（2-122）如果你是一棵大树，他只能是小草。（报刊精选，1994 年；转引自 CCL 语料库）

（2-123）如果我是海洋，你倒像太空。（琼瑶《雁儿在林梢》；转引自 CCL 语料库）

（2-124）如果你是鲜花，我就是这干皱的果实。（《读者》；转引自 CCL 语料库）

这类假设句的从句和主句一般都是比喻句。（2-122）中“你”和“他”相比就像“大树”和“小草”相比；（2-123）中“我”和“你”相比，就像“海洋”和“太空”相比；（2-124）中“你”和“我”相比就像“鲜花”和“干皱的果实”相比。这种由某一认知域中两事物之间的关系投射到另一认知域中两事物之间关系的表达方式更加形象。

有的是非比较。例如：

（2-125）如果你是天鹅的种子，我们一定让你展翅腾飞。（《人民日报》2000 年；转引自 CCL 语料库）

（2-126）如果你是鸟，天空因你的飞翔而广阔。（《人民日报》1996 年；转引自 CCL 语料库）

（2-127）如果你是我眼中的一颗泪珠，我今生为不愿失去你而宁肯不再哭。（微博；转引自 CCL 语料库）

（2-128）如果我是一只鸟，采访是我的躯，而档案馆和图书馆则是我

的两只翅膀。（报刊精选，1994 年；转引自 CCL 语料库）

上述假设句通过比喻虚拟，主句承接从句，将本体放在喻体所在认知域中来描写，形象地表达了说话者的主观认识或者愿望。

c. 从句表述的内容是其他不符合客观规律或事实的情况

有的表否定。例如：

（2-129）如果天塌下来了，我就答应你的要求。

（2-130）如果太阳从西边出来，我就相信你。

（2-131）如果地球不转了，我就嫁给你。

上述假设句的从句表述的内容在客观世界中显然是不可能发生的，是个假命题。但从逻辑上看，否定充分条件假言命题的从句，并不一定否定其主句，也就是说，充分条件假言命题从句假，主句是真假不定的，如“如果天下雨，那么地就湿。”，实际上，“天不下雨”，“地可能湿，也可能不湿”。但在具体语境中，有时条件会得到强化。

上述假设句潜存着一个“言外之意”，即活跃于话语之中的、存在于话语的命题意义和概念意义之外的，又确是为话语的语言单位的形、音或义所承载的意义（徐盛桓，1996）：

（2-129’）如果天不塌下来，我就不答应你的要求。

（2-130’）如果太阳不从西边出来，我就不相信你。

（2-131’）如果地球没有不转，我就不嫁给你。

由于这类反事实假设句从句表述的内容是不可能发生的，是个隐性的否定命题，即“天不会塌下来”“太阳不会从西边出来”“地球不会不转”，所以可推知，“我不会答应你的要求”“我不会相信你”“我不会嫁给你”。

上述反事实假设句意在否定，其话语功能是拒绝。表达这种话语功能，说话者也可以直接用否定句，如“我不会答应你的要求”“我不会相信你”“我不会嫁给你”。但这里通过给出一个不可能发生的前提，让受话人推导出隐含在话语中的否定意义，从而领会到说话者的真正用意，比直接否定语气更坚定，没有任何余地。《乐府民歌》中《上邪》正是用这种话语含义的推导来表白对爱情的忠贞不渝。其内容是：“上邪！我欲与君相知，长命无绝衰！山无陵，江水为竭，冬雷震震，夏雨雪，天地合，乃敢与君绝。”这首诗通过五种不可能出现的自然现象来说明自己不可能与对方分离。与直接否定句“不敢与君绝”相比较，使用反事实假设句推导的否定语气更坚定。

有的侧重表达说话者的主观愿望或认识。例如：

（2-132）要是再年轻 20 岁就好了。（报刊精选，1994 年；转引自 CCL 语料库）

（2-133）要是天天都是 3·15 就好了！（《人民日报》1996 年；转引自 CCL 语料库）

（2-134）我常常向妈妈哭诉，要是我没有得小儿麻痹就好了。（新华社 2002 年新闻报道；转引自 CCL 语料库）

（2-135）要是我爹娘还活着就好了。（余华《活着》；转引自 CCL 语料库）

这类反事实假设句的从句通过虚拟换位思考、打比喻或表述其他不符合客观规律或事实的情况来实施建议、认同、求解、比较、表达说话者的主观愿望或者主观认识等话语功能。

B. 逻辑推理型

有的假设句的主句断言的情况，根据常识是根本不可能实现的。例如：“如果说巴黎是英国的首都，那么武汉就是河南省的省会。”从句和主句断言的内容没有任何联系，违反了方式准则，而且主句内容明显为假，违反了质的准则，即不要说自知是虚假的话。受话者也很清楚上述表达的荒诞性，但受话者相信说话者不会违反会话合作原则，于是推断其话语可能另有含义，并根据逻辑知识：充分条件假言命题的主句假，从句一定假。从而推断出说话者的真正用意是否定从句，即“巴黎不是英国的首都”。其实要表达这种意思，也可以直接用否定句，直接否定对方的观点，如“巴黎不是英国的首都”。相比较来看，使用反事实假设句比直接否定更委婉，可以维护说话者的面子，遵守礼貌原则。这类假设句一般用于口语中，从主句表达的内容来看，有以下几种类型。

有的主句表述的内容违背客观规律或事实。例如：

（2-136）如果他能考上大学，那么太阳就从西边出来了。

从语义上看，假设句的主句“太阳从西边出来了”所表达的内容显然是不符合客观规律或事实的。说话者明知不可能实现却说出这样的话，显然违反了会话合作原则第一个准则——质的准则，根据充分条件假言推理（否定后件一定否定前件）可得出“太阳不是从西边出来的，所以他考不上大学”。类似的例子如（2-137）—（2-140）。

有的主句表述的内容是一个语义梯级的极限。例如：

（2-137）他要能考上大学，人人都考上大学了。

（2-138）他要考不上大学，就没有人能考上大学了。

（2-139）他要能考上大学，我请全世界人吃饭。

（2-140）咱屯要办起砖厂，我倒着走出傻子屯！（报刊精选，1994年；转引自CCL语料库）

“人人都考上大学”和“没有人能考上大学”是表达考上大学人数的最大极限和最小极限，这两个极限在现实中发生的可能性极小，否则就没有必要组织大学入学选拔考试了。“我请全世界人吃饭”一样是表达请吃饭的人数的最大极限，“我倒着走出傻子屯”是一个人行走姿势难度的一个最大极限。这四例的主句表述的内容是一个语义梯级的极限，客观世界中几乎不可能发生。这种情况从语用上可以看作一个不可能实现的假命题，逻辑知识（充分条件假言命题主句假，从句就一定假）可以使这类假设句获得反事实解读。

有的主句表述的内容违背说话者的主观愿望，往往是通过诅咒自己来达到对从句内容的否定，是一种主观性较强的反事实句。例如：

（2-141）我要有一点坏心，教我不得好死！（老舍《四世同堂》；转引自CCL语料库）

（2-142）若是有意加害金花婆婆，教我不得好死。（金庸《倚天屠龙记》；转引自CCL语料库）

（2-143）若是我撒谎，就把我吊死。（《读者》；转引自CCL语料库）

（2-144）我看哪，历史惊人地相似，他不当叛徒我不姓陈！（《作家文摘》1996年；转引自CCL语料库）

（2-145）我兜儿里现在要是有钱，我要不拉您出去吃点什么，我不姓白！（老舍《老舍戏剧》；转引自CCL语料库）

这类假设句的主句表述的内容是说话者咒骂自己的话语，这种事情是说话者主观上不愿意发生的，即主观上是否定的，而之所以这么说是为了说明从句的虚假。

主句假反事实假设句的话语功能是反驳。这类假设句的从句是引述性话语，即引述某种说法，主句表述的内容是客观或主观上不可能实现的假命题，而说话者之所以故意说假话是为了反驳引述的观点或看法。其逻辑推理过程是：要反驳对方先肯定对方，然后根据充分条件假言推理（否定主句就一定否定从句）进而推出从句假，即对方的观点是错误的。这就是逻辑学上的“反证法”。

4）元语言假设句

“元语言”（metalanguage）这一概念来自现代逻辑学。1933 年，波兰逻辑学家 Tarski 为了解决“说谎者悖论”问题而提出了“对象语言”和“元语言”的区分。在用语言讨论事物的过程中，事物是对象，语言是工具。而当讨论的对象是语言时，语言既是对象又是工具。“说谎者悖论”之所以存在，是因为“我在说谎”这句话具有对象语言和元语言的双重功能。（封宗信，2005：403）

刘福长（1989）认为，用以代表或指称外部世界事物的语言叫作“对象语言”（object language），用以描述或解释语言本身的语言叫作“元语言”（metalanguage）。陈新良（2001）指出，元语言指用以分析和描述对象语言的语言，不是一般日常生活中运用的语言，它是高一层的语言；而对象语言是被指称的语言。冉永平（2005：1）认为，元语言是有关语言的语言，它对目标语言进行标示、说明或评述等。张志毅和张庆云（2001：27）则是从狭义角度来理解元语言：“指记录语义特征并用来分析和描写目标语言（这里是指自然语言）的更高层次的语言，是人工创造的“形式语言”，也叫符号语言、纯理语言、语义标示。”上述各家对元语言的具体表述虽然不尽相同，但其基本意思是一致的，即元语言是对目标语言或者对象语言的评说、解释等。

元语言假设句指从句和主句之间有解说、评价、说明等关系的假设句。例如：

（2-146）他们还缺乏攻坚经验，如果不是“没有”的话。（张正隆《雪白鲜红》；转引自 CCL 语料库）

（2-147）可其实你在内心深处对圣并无好感，如果算不上讨厌的话。（王朔《我是“狼”》；转引自 CCL 语料库）

（2-148）如果说摩洛哥有一个既神奇又迷人的城市，那就是丹吉尔。（《人民日报》1994 年；转引自 CCL 语料库）

（2-149）如果他真是我们的祖先，这位祖先显得过于粗心大意了。（余华《祖先》；转引自 CCL 语料库）

上述假设句的从句和主句之间没有逻辑上的推论关系，不能变换为因果句：

*（2-146'）因为他们还缺乏攻坚经验，所以不是"没有"。

*（2-147'）因为其实你在内心深处对圣并无好感，所以算不上讨厌。

*（2-148'）因为摩洛哥有一个既神奇又迷人的城市，所以那就是丹吉尔。

*（2-149'）因为他真是我们的祖先，所以这位祖先显得过于粗心大意了。

也不是回溯推理，不能变换成逆因果句：

*（2-146"）因为不是"没有"，所以他们还缺乏攻坚经验。

*（2-147"）因为算不上讨厌，所以其实你在内心深处对圣并无好感。

*（2-148"）因为那就是丹吉尔，所以摩洛哥有一个既神奇又迷人的城市。

*（2-149"）因为这位祖先显得过于粗心大意了，所以他真是我们的祖先。

上述假设句不是原型假设句，不是非原型假设句中的回溯推理假设句，也不是隐喻推理假设句，也不是反事实假设句。其中（2-146）和（2-147）中的从句是对主句的解释，从句是元语言；（2-148）和（2-149）中的主句是对从句的评价、说明，主句是元语言。下面分从句为元语言的假设句和主句为元语言的假设句来分析这类假设句的不同情况。

A. 从句为元语言的假设句

有的元语言假设句的从句是主句的预设，即主句断言的前提，例如：

（2-150）波兰政府重建联系的最后努力是否有用，我是非常怀疑的。但，我将它看成是和平的最后一线希望，如果有最后一线希望的话。（[美]约翰·托兰《从乞丐到元首》；转引自 CCL 语料库）

（2-151）他们只取得了很小的进步，如果说有什么进步的话。（[美]

菲利普·津巴多、[美]罗伯特·约翰逊、[美]安·韦伯《普通心理学》；转引自 CCL 语料库）

（2-152）可是苏珊由于是一个相当喜欢深思的梦想家和平静的观察家，所以不会那么快又给爱情诱惑住——如果她过去是给诱惑了的话。（[美]西奥多·德莱塞《天才》；转引自 CCL 语料库）

（2-153）有神论者和不可思议论者得同意承认空间的各种性质是内在的、永恒的、非创造的——是在所有创世之先，如果有过一次创世的话。（[美]西奥多·德莱塞《天才》；转引自 CCL 语料库）

有的主句预设明明不存在，从句假定其存在，意在表达说话者的主观认识。例如：

（2-154）当时为取得这一成果，宋庆龄做出了她的贡献。这使她很愉快；想来也一定会使孙中山愉快，如果他还健在的话。（陈廷一《宋氏家族全传》；转引自 CCL 语料库）

（2-155）然而更有理由愤愤不平的，我以为还是赵树理，如果他在天有灵的话。（《人民日报》1998 年；转引自 CCL 语料库）

（2-156）这样来撮合王、苏二家，相信苏氏父子、兄弟，定然不会同意，如果他们泉下有知的话。（《读书》；转引自 CCL 语料库）

有的从句是主句的隐含义，即根据会话原则推导出来的字面意义之外的意义，例如：

（2-157）弱者和强者的策略往往是大不同，如果不是完全相反的话。（《读书》；转引自 CCL 语料库）

（2-158）这种把人群分等级的研究方法肯定是错误的，但是如果只分内外不分上下地看，由圈外人来研究某一群体似乎的确比圈内人来研究好些，前者至少不应当比后者更差，如果不会更好的话。（李银河《女性主义》；转引自 CCL 语料库）

（2-159）里面包含的政治意味政治教训甚至比直接写政治、写圣君贤相、昏君佞臣、合纵连横、改朝换代的书不少，如果不是更多的话。（《读书》；转引自 CCL 语料库）

（2-160）日常生活，以至人生的分分秒秒，都应该而且必须成为现代人自我定义自我认识的一部分，如果不是全部的话。（《读书》；转引自CCL语料库）

根据会话合作原则中的数量准则，说话人说出的话一是要足量，二是不要过量，否则，就违反了数量准则。所以，说话人说出程度较低的量时意味着较高的量是不成立的，如说出“不同”就意味着“不是完全相反”，说出“好些”就意味着“不是更好”，说出“不少”就意味着“不是更多”，说出“一部分”就意味着“不是全部”。所以，从句是主句的隐含义，不需要说出来。

有的从句是对主句的说明或者解释，例如：

（2-161）这是人们现今希望要的——人们感觉老一点的房子更结实，如果你们能懂我的意思。（[英]阿加莎·克里斯蒂《沉默的证人》；转引自CCL语料库）

（2-162）第一性的环节就是绝对本质，就是自在而自为存在着的精神，如果精神是简单的永恒的实体的话。（[德]格奥尔格·威廉·弗里德里希·黑格尔《精神现象学》；转引自CCL语料库）

（2-161）从句是提醒说话人注意理解主句表达的意思；（2-162）从句是对主句断言的对象“精神”的解释。

B. 主句为元语言的假设句

有的主句是对从句的评价，表明说话人的态度，或者认同从句陈述的内容。例如：

（2-163）如果说信息是构筑现代社会大厦三大支柱中的一大支柱，是很有道理的。（报刊精选，1994年；转引自CCL语料库）

（2-164）如果说张爱玲是优雅的代名词，这并不为过。（张晓梅《修炼魅力女人》；转引自CCL语料库）

（2-165）如果说农民上访中有过火行为，也是可以理解的。（陈桂棣、春桃《中国农民调查》；转引自CCL语料库）

（2-166）如果说“六五”时我国彩电市场上是荟萃世界品种于一堂，这并不算夸张。（报刊精选，1994年；转引自CCL语料库）

或者不太认同从句陈述的内容，例如：

（2-167）如果说每一位“早退”者都是想赚钱、成大款、捞外快，恐怕有些绝对了。（报刊精选，1994 年；转引自 CCL 语料库）

（2-168）如果说一个人圣洁无瑕，那是不现实的。（张剑《世界 100 位富豪发迹史》；转引自 CCL 语料库）

（2-169）如果说有什么图像能够让人们容易理解和记忆的话，那也是靠不住的。（曹天元《上帝掷骰子吗——量子物理史话》；转引自 CCL 语料库）

（2-170）如果说这是迁就地主，不搞土改，那就错了。（邓小平《邓小平文选 1》；转引自 CCL 语料库）

（2-171）如果说“解严”与“戒严”一样，也欠公平。（李松林《晚年蒋经国》；转引自 CCL 语料库）

（2-172）如果说北大人都好逞“口舌之辩”，那未免失之偏颇。（任羽中、张锐《完美大学必修课》；转引自 CCL 语料库）

有的并不评述从句内容本身的对错，例如：

（2-173）如果说某个艺妓卖身，那纯属个人行为。（新华社 2004 年新闻报道；转引自 CCL 语料库）

有的主句是对从句的解释说明，一般采用的语言形式为“如果说……那就是……”，假设从句的谓语多是“有”。例如：

（2-174）如果说我现在有什么心愿的话，那就是老区的建设怎样加快。（《人民日报》1993 年；转引自 CCL 语料库）

（2-175）如果说加拿大这个移民国家有什么特色的话，那就是人帮助人的互助精神。（《人民日报》1996 年；转引自 CCL 语料库）

（2-176）沂蒙山区这几年的发展是跳跃式的，如果说有一根神奇的“撑杆”，那就是科技。（《人民日报》1996 年；转引自 CCL 语料库）

（2-177）如果说有什么变化，那就是上面多了几幅色彩艳丽的竞选招贴画。（《人民日报》1996 年；转引自 CCL 语料库）

（2-178）如果说我们建国以后有缺点，那就是对发展生产力有某种忽

略。(邓小平《邓小平文选・第三卷》;转引自 CCL 语料库)

(2-179)如果说我也有欢乐的时候,那就是童年。(孙犁《记春节》;转引自 CCL 语料库)

也有个别假设从句的谓语动词不是“有”的,例如:

(2-180)如果说要争什么名,那就是为红军战士争个名,为共产党员争个名。(报刊精选,1994 年;转引自 CCL 语料库)

(2-181)如果说,我们住楼、坐小汽车失掉了什么,那就是失掉了土包子的愚昧和贫穷。(报刊精选,1994 年;转引自 CCL 语料库)

(2-182)如果说哪一种品质是成功者共有的,那就是他们比别人更有激情。(张剑《世界 100 位富豪发迹史》;转引自 CCL 语料库)

从形式上看,假设句从句的宾语一般是个不定指的名词,比如在相应的名词前用“一个”“一点”“什么”等修饰,主句陈述的是从句中不定指名词的具体所指,突出强调其所指对象的唯一性,从句是为主句做铺垫的。从句描述一类事物的性状,主句说出一个典型的符合这一性状的实例。

另一种主句解释说明从句的假设句形式为“如果……(那)就是……”,从句引入一个不定指的名词,主句对其进行具体说明。例如:

(2-183)如果用一个字概括,那就是“傲”。(李敖《李敖对话录》;转引自 CCL 语料库)

(2-184)如果用一个词来描述秘书长的作用,那就是独立。(《人民日报》1996 年;转引自 CCL 语料库)

(2-185)如果用一个比较新的说法就是他表现的是社会底层,是那些非常微末的小人物,那些不登殿堂的小人物。(百家讲坛《冯小刚走红之谜》;转引自 CCL 语料库)

(2-186)如果用一个字描述目前的资本市场,那就是“热”。(博客;转引自 CCL 语料库)

主句句首也可以不是“(那)就是”,例如:

(2-187)如果用一个词来概括齐晖,叶瑾说是“硬气”。(新华社 2001 年新闻报道;转引自 CCL 语料库)

（2-188）如果用一个词来形容“间谍”的话，没有比“影子”再恰当的。（博客；转引自 CCL 语料库）

（2-189）如果用一个词说，最恰当的词是“张扬”。（《心理治疗的意象对话技术》；转引自 CCL 语料库）

2. 非断言假设句

非断言假设句指的是主句是断言之外的其他言语行为，如有的表达命令或者要求或者建议，例如：

（2-190）如果你将来真的发了，千万不许搞女人。（池莉《来来往往》；转引自 CCL 语料库）

（2-191）如果宋小姐找，请你替我美言两句。（梁凤仪《激情三百日》；转引自 CCL 语料库）

（2-192）如果你想健壮，跑步吧！（《中国儿童百科全书》；转引自 CCL 语料库）

（2-193）如果你对上述问题的回答都是否定的，那你最好别去凑这个热闹。（网络语料；转引自 CCL 语料库）

命令或要求是说话者将自己的意图强加给受话者，语气强硬，如（2-190）；请求是说话者比较客气地表达自己意图的一种方式，语气相对较弱，如（2-191）；建议或劝告则是说话者委婉地表达自己意见的一种表达方式，语气最弱，如（2-192）和（2-193）。

有的为提问，例如：

（2-194）如果国外资金大量投入我国图书发行业，会带来哪些影响呢？（《人民日报》1998 年；转引自 CCL 语料库）

（2-195）如果他们也被带到这里来，会怎样看我呢？（余华《在细雨中呼喊》；转引自 CCL 语料库）

还有一种表达提问的特殊句式，即假设性的“呢”字疑问句，例如：

（2-196）“既然她还是柳夫人，她要回来，随时都可以回来。”柳若松道：“如果她已经不是柳夫人了呢？”（古龙《圆月弯刀》；转引自 CCL 语料库）

（2-197）“吴志国肯定就是老鬼，你不用再怀疑谁，事情可以结束了。”“如果是假的呢？”“如果是假的，”李宁玉干脆地说，“有一个情况，我建议肥原长……”（麦家《风声》；转引自CCL 语料库）

（2-198）顾小梦举目接着李宁玉的目光，不客气地说：“如果我也说你是老鬼呢？”李宁玉话里藏话：“我想凭你对我的了解，你不会这么说的。”（麦家《风声》；转引自 CCL 语料库）

（2-199）然而私下里我问过自己：“如果生活在一起呢？你会成为他的名副其实的妻子吗？”（戴厚英《人啊人》；转引自 CCL 语料库）

（2-200）“光荣团”的成员已被勒令“回老家”，可是人们还有些担心：如果在“老家”再旧病复发呢？（《人民日报》1995 年；转引自 CCL 语料库）

邢福义（2002：89）指出：“对话中，语流中，如果结果分句的意思上文已经出现，假设分句‘如果……’可以单独用来提问，但要求带‘呢’，即采取‘如果……呢’的形式。”我们将这种“如果……呢”疑问形式称为假设性“呢”字疑问句，通过假设句引入一个话题，这个话题可能跟受话人说出的话意思相反，如（2-196）—（2-198）；也可能是说话人对未知情况的主观想象，如（2-199）和（2-200）。“如果……呢”只引导出一个话题，隐去了对话题的说明，但结合语境可看出其表达的意思是“如果……怎么办？”，语料中确实有“怎么办呢”充当主句的假设句，一般与从句之间通过标点符号隔开。例如：

（2-201）如果斗不过，该怎么办呢？（李晓明《平原枪声》；转引自CCL 语料库）

（2-202）如果下单后行情走势跟预先估计的相反，那怎么办呢？（《人民日报》1993 年；转引自 CCL 语料库）

（2-203）如果真的出现这种局面，怎么办呢？（《作家文摘》1993 年；转引自 CCL 语料库）

（2-204）如果检测出微血栓等异常情况，怎么办呢？（《市场报》1994 年；转引自 CCL 语料库）

（2-205）如果某人耽误您的时间，怎么办呢？（《读者》；转引自 CCL

语料库）

有时，“怎么办呢”会依附在从句上，构成表达疑问的后附成分。例如：

（2-206）“如果受损失怎么办呢？你能负得起责任？”（刘知侠《铁道游击队》；转引自 CCL 语料库）

（2-207）如果有人不遵守怎么办呢？（中文学术文献语料；转引自 CCL 语料库）

（2-208）军队如果再乱下去怎么办呢？（《作家文摘》1994 年；转引自 CCL 语料库）

（2-209）他如果问工会哪能晓得的怎么办呢？（周而复《上海的早晨》；转引自 CCL 语料库）

（2-210）你如果身兼多职怎么办呢？国际惯例你可以多准备几种名片，面对不同交往对象使用不同的名片……（金正昆《身边的礼仪（三）》；转引自 CCL 语料库）

从上述材料可以推测，假设性“呢”字疑问句主要用于对话语境（包括说话人的心理活动），可能是主句为“怎么办呢”的假设句省略或缩略造成的，先是主句依附到从句上，由于“怎么办呢？”或者“该怎么办呢？”等比较简短，很容易依附到从句上，再比如表愿望义的“就好了”也常常依附在从句上。另外，由于假设性“呢”字疑问句对语境的依赖性较强，疑问点可以从语境中推知，所以“怎么办”也往往省略。

提问也可以看作指令的一个小类，表示要求，即要求受话者就所提出的问题进行回答。指令类言语行为不存在真假，只存在成功与否的问题。

综上所述，根据假设句的语义关系和原型理论，假设句的分类如表 2-1 所示。

表 2-1　根据语义关系对假设句的分类

<table>
<tr><th colspan="3">假设句</th><th>从句和主句之间的语义关系</th></tr>
<tr><td colspan="3">原型假设句</td><td>因果关系</td></tr>
<tr><td rowspan="5">非原型假设句</td><td rowspan="4">断言假设句</td><td>回溯推理假设句</td><td rowspan="5">非因果关系</td></tr>
<tr><td>隐喻推理假设句</td></tr>
<tr><td>反事实假设句</td></tr>
<tr><td>元语言假设句</td></tr>
<tr><td colspan="2">非断言假设句</td></tr>
</table>

2.3.3 由原型假设句向非原型假设句扩展的动因

原型假设句的从句是主句的充分条件，从句和主句之间有直接的因果关系，即从句所表事件是主句所表事件产生、发展、变化的原因。非原型假设句的从句所表事件是说话者进行推理的充分条件，从句和主句之间有的具有回溯推理或者隐喻推理等推理关系，有的不具有推理关系，从句所述状态仅仅是说话者实施某种言语行为的充分条件，从句和主句之间不具有直接的因果关系。有关非原型假设句的从句和主句之间到底是什么语义关系，这个问题比较复杂，笔者列举了反事实假设句、元语言假设句、主句是非断言的假设句等几种类型，其主要功能不是表达从句和主句之间的条件依存关系，而是表达其他的语用功能。

邢福义（2002：516-517）认为，复句语义关系具有二重性：既反映客观实际，又反映主观视点。“客观实际是基础，提供构成语义关系的素材，主观视点是指针，决定对语义关系的抉择。对于复句格式的形成来说，主观视点是第一位的起主导作用的东西。而客观实际则是第二位的被主观视点所牵引的东西。”也就是说，即使就命题内容来看，从句和主句之间不存在因果联系，只要说话人主观上认为它们之间存在这种关系，就可以选择使用假设句式来表达。从原型假设句到非原型假设句扩展的主要动因是主观化。“主观性”是指语言的这样一种特性，即在话语中多多少少总是带有说话人“自我”的表现成分，也就是说话人在说出一段话的同时还表明自己对这段话的立场、态度和感情，从而在话语中留下自我的印记。“主观化”则是指语言为表现这种主观性而采用相应的结构形式或经历相应的演变过程。语言的“主观性”主要表现在三个方面：说话人的情感，说话人的视角，说话人的认识。关于主观化的表现形式，Traugott 提出了以下几个相互联系的方面：由命题功能变为言谈（discourse）功能；由客观意义变为主观意义；由非认识情态变为认识情态；由非句子主语变为句子主语；由句子主语变为言者主语；由自由形式变为黏着形式。（沈家煊，2001：268-275）汉语假设句由原型成员到非原型成员的扩展体现了语言的主观性。

首先，原型假设句的两个分句从命题内容上看存在客观的逻辑事理关系，即从句是主句的充分条件，从句可理解为主句产生的原因。非原型假设句中的回溯推理和隐喻推理假设句，虽然有一定的依据，但如前所述，“地湿了”并不能必然地推出“昨天下雨了”；隐喻推理主观性更强，两个事物之间有没有相似性取决于说话人的视点，即便如此，可能不同的人也会有不同的看法。其他非原型假设句从句可能只是说话人说出主句的适宜条件，从句和主句从命题内容上看不出什么逻辑关系，主要是为了达到某种语用效果。例如，“如果比赛真的取消，太阳从西边出来了”，说话者完全可以直接断言为“比赛不可能取消”，但为了更委婉地表达，给对方足够的面子，说话者选择了假设句的形式；再如“如果你不介意，这件事是你做得不对”，其实“这件事你做得对不对”跟“你介意不介意”没有关系，说话者完全可以直接表述为“这件事是你做得不对”，但为了遵守礼貌原则，说话者选择了假设句的形式。

综上所述，非原型假设句的从句命题功能较弱，重在表达说话人的主观认识。邢福义（2002：503-504）将我们所说的隐喻推理假设句称为“假言对照”，并指出，在“如果……就……”中对照两种事实，以 p 证 q。句式规定的 p 和 q 之间具有假设与结论的关系，事实上它们之间并不存在这种关系。例如：

（2-211）如果说瞿塘峡像一道闸门，那么巫峡简直像江上一条迂回曲折的画廊。（邢福义，2002：504）

从句“瞿塘峡像一道闸门”是用来说明主句“巫峡简直像江上一条迂回曲折的画廊”的，两个小句在命题内容上不存在直接的因果关系，说话人主观上认为其有因果关系，所以选用了这种句式。邢福义（2002：504）提出了“假言铺垫”假设句，这种句子是用假设分句来诱发结果分句，以便落实说话人的某种结论。假设分句或者有提醒作用，或者有诱导作用。下面是邢福义（2002）文中的例句：

（2-212）如果我没有认错的话，您就是著名记者陆琴方同志。

（2-213）如果单从头三句即“青旗沽酒”句看，这首词的情调好像是很愉快的。

上述假设句的从句并不影响句子的基本意思表达，甚至可以删除。所以从句和主句之间的语义关联更弱，主观性更强，选用假设句式主要是基于语用需求。

徐盛桓（2004b）也指出知域和言域中假设句的条件分句的内容只适合做结果分句言语行为或思想活动的条件，而同该分句言语行为或思想活动的内容没有直接的条件关系。所以，从原型假设句到非原型假设句，两个小句之间的语义关系从非认识情态变成了认识情态，假设从句由命题功能变为了言谈功能。

另外，非原型假设句隐含着一个言者主语，即说话者“我”，可表述为“如果知道 p，那么我推断 q”或者“如果 p，那么我声称 q”，尤其是极端反应的誓言式的反事实假设句，言者主句“我、我们”等一般会在句中出现，例如：

（2-214）你如果不娶我，我就死。（邢福义，2002：86）

（2-215）如果我骗你，我就不是个东西。（于晴《红苹果之恋》；转引自 CCL 语料库）

而原型假设句表述的两个事件之间的充分条件关系是被科学证实的、客观存在的，或者是惯常行为关系，跟说话者无关。

综上所述，按照主观化程度的高低，假设句由高到低的序列为：原型假设句 > 非原型假设句。其实假设句从原型成员到非原型成员是个连续统；有些假设句在特定语境中，条件性会加强，从句可理解为主句的充要条件。例如：

（2-216）如果你再叫我一声小市民，我就要请你滚出去了。（余华《西北风呼啸的中午》；转引自 CCL 语料库）

（2-217）如果我有朝一日打破了酒盅，他就会拧断我的脖子。（余华《在细雨中呼喊》；转引自 CCL 语料库）

（2-218）如果他还要继续数落我，我就要砍他脑袋了。（王小波《黄金时代》；转引自 CCL 语料库）

上述句子表示警告或制止，表达“如果从句假则主句假”，即“你不再叫我小市民，我就不让你滚出去”“我不打破酒盅，他就不会拧断我的脖子”“他不继续数落我，我就不砍他脑袋”。

有些假设句的从句假定某种情况存在，主句是说话人根据个人经验或背景知识等预测会产生的某种结果。例如：

（2-219）如果现在她念高中，肯定可以考上大学，她真后悔当初没有好好学习。（池莉《池莉文集》；转引自 CCL 语料库）

（2-220）如果走直线，他们十分钟就到了。（池莉《太阳出世》；转引自 CCL 语料库）

（2-221）如果不迷失方向，明天中午可以到。（王小波《绿毛水怪》；转引自CCL语料库）

这类假设句是说话人按照知识经验由前提推出结论，可理解为原型假设句，但与科学证实的客观真理相比，主观性更强些。

所以，无论是二分还是三分，类与类之间都不是截然分明的，都会存在这样那样的问题，假设句是个原型范畴，从原型假设句到非原型假设句，两个分句之间的逻辑语义联系越来越弱，由表达客观事理变为表达主观认识，主观化程度越来越高。语义演化的机制主要是"重新分析"（reanalysis）和"类推"（analogy），"重新分析"是从一个概念过渡到另一相关的概念，是概念的"转喻"（metonymy）；"类推"是从一个概念投射到另一相似的概念，是概念的"隐喻"（metpahor）。（沈家煊，2004：243）从原型假设句到非原型假设句，两个分句之间的语义联系由客观因果变为了主观因果，两个概念相似，所以其演化机制是类推或者隐喻，是由客观域向主观域的映射。

汉语假设句的核心功能是表达假设条件关系，除此之外，还有一些边缘功能，如表达选择、解说、转折等逻辑语义关系，这说明汉语假设句不仅是个原型范畴，还是一个相对显赫的范畴。刘丹青（2012：292）认为如果某种范畴由语法化程度高或句法功能强大的形式手段表达，并且成为该手段所表达的核心（原型）语义，该范畴便成为该语言中既凸显又强势（prominent and powerful）的范畴，即显赫范畴。显赫范畴的强势，指其所用形式手段具有很强的扩展力，能用来表达与其原型范畴相关而又不同的范畴。汉语假设句不仅有高度语法化的标记，而且从结构形式到逻辑关系都有明显扩张的趋势。

首先，汉语假设句有高度语法化的专用假设标记"如果、要是、假如"等。

其次，汉语假设句的扩展使两个分句之间的因果联系越来越弱，越来越主观，由原型范畴扩展到非原型范畴，或者叫边缘范畴。详见前文论述。

另外，汉语假设句是复句的重要成员，但汉语的假设关系表达形式可扩展至单句。例如"呢"字疑问句：

（2-222）于是记者假设："如果一个人有超人的毅力呢？"（报刊精选，1994年；转引自CCL语料库）

（2-223）但我有一种担心，如果出现了另一种情况呢？（《人民日报》1993年；转引自CCL语料库）

（2-224）但如果卡拉扬决定我退出比赛呢？我不敢想下去。（《作家文摘》1994 年；转引自 CCL 语料库）

再比如表示愿望义的反事实假设句，也是单句形式，例如：

（2-225）现在时间有些紧啊，如果再多给我一个星期就好了。（网络语料；转引自 CCL 语料库）

（2-226）要是再年轻 20 岁就好了。（报刊精选，1994 年；转引自 CCL 语料库）

（2-227）要是厂里发给加班工资就好了。（报刊精选，1994 年；转引自 CCL 语料库）

张新华（2013）认为上述“就好了”是后附成分，有演化为语气助词的趋势，其演化的句法环境就是假设复句，是一种主句化现象。如果是这样的话，上述假设句就可看作单句。另外，汉语方言中也有用单句表达愿望义反事实的现象，如山西山阴方言中的虚拟语气词“时的”经常和表过去时间的“那会儿”配合表达愿望义反事实，例如：

（2-228）我头发多，夏天热闹闹的真难活哩。——你（那会儿）把头发铰短时的。（郭利霞，2015：63）

陕北沿河晋语用语气词“时价、价、来些”等表达愿望义反事实，例如（例句引自邢向东，2005：44-45）：

（1）神木

（2-229）我那会儿好好儿念书时价，早考上大学了。

（2）佳县

（2-230）这场雨要早下上几天价！

（3）绥德

（2-231）我那咎会儿好好念书价，早考上大学了。

（4）延川

（2-232）这场雨要早下给几天来些！

上海话用“蛮好”表达愿望义反事实假设句，例如：

（2-233）蛮好屋里勿要来人客。（要是家里不来客人就好了。）（强星娜，2011：161）

汉语假设句的从句和主句之间有条件关系（包括主观和客观），但汉语假设句的从句和主句之间的逻辑关系可扩展至选择、转折、解说等关系。例如：

（2-234）朱熹如果不是新儒家最大的哲学家，也是新儒家最大的哲学家之一。（冯友兰《中国哲学简史》；转引自 CCL 语料库）

（2-235）如果说这里是官邸，倒不如说是兵营更恰如其分。（《作家文摘》1994 年；转引自 CCL 语料库）

（2-236）然而画中人物，大抵倘不是带着横基冥顽的气味，甚至于流氓模样的，过度的恶作剧的顽童，就是钩头耸背，低眉顺眼，一副死板板的脸相的所谓“好孩子”。（鲁迅《南腔北调集·上海的儿童》；转引自 CCL 语料库）

（2-237）乍一看，更以为倘不是西方国家“愚人节”摆弄的什么玩意儿，就是 30 年代上海滩头小报哗众取宠的“噱头”。（《人民日报》1959 年；转引自 CCL 语料库）

（2-238）如果说专门史还有意义的话，那就是提供一些基本的、供综合用的技术材料。（中文学术文献语料；转引自 CCL 语料库）

（2-239）如果说哪一种品质是成功者共有的，那就是他们比别人更有激情。（张剑《世界 100 位富豪发迹史》；转引自 CCL 语料库）

（2-240）如果说他在生活中不免放荡，在艺术中却是真诚的。（《读书》；转引自 CCL 语料库）

（2-241）如果说是视觉差，倒上水后，流向应与汽车、自行车的动向相同，实际上却相反。（《人民日报》1993 年；转引自 CCL 语料库）

（2-234）—（2-237）两个分句之间具有选择关系，（2-238）和（2-239）两个分句之间具有解说关系，（2-240）和（2-241）两个分句之间具有转折关系。

综上所述，汉语假设句无论是结构形式还是表达功能都有明显的扩展，所以，汉语假设句是一个相对显赫的范畴。

2.4 小　　结

本章首先根据假设从句表达的内容能否实现将假设句分为可能假设句和反事实假设句，我们不赞同再划分出事实假设句的三分法，即使是前文中出现过的内容或者客观存在的事件，一旦用假设句的格式表达出来主观上便具有了假设性，不存在事实假设句。

其次，运用原型理论，根据假设复句两个分句之间的语义关系将其分为原型假设句和非原型假设句，前者两个分句之间具有直接因果联系，后者不具有；非原型假设句根据假设句的言语行为类型分为断言假设句和非断言假设句，前者又包括回溯推理型假设句、隐喻推理假设句、反事实假设句和元语言假设句。非原型假设句两个分句之间的语义联系更主观，由原型假设句向非原型假设句扩展的动因是主观化。汉语假设句的核心功能是表达假设条件关系，除此之外，还有一些边缘功能，如表达选择、解说、转折等逻辑语义关系；另外，表达假设的典型形式是复句，也有一些用单句表达的，如“呢”字疑问句、愿望义反事实句等。这说明汉语假设句不仅是个原型范畴还是一个相对显赫的范畴。

第3章

假设句句法操作形式的跨语言比较

3.1 引　　言

何元建（2007：18）指出，操作系统也叫运算系统（computational system），运算系统的主要职能是把小的语言单位组成更大的语言单位。例如，合成构词区用语素组成派生词、复合词等，屈折构词区用语素组成有屈折变化的词，句法里边用词项（即一切词形式）组成大大小小的句子。徐杰（2001：182）高度概括了句法形式上所采取的生成句子的四种手段："（1）加进没有词汇意义而只有语法功能的所谓'虚词'；（2）重新安排某语法成分在句子中的位置；（3）重复某语法成分；（4）删除某语法成分。"并把这四类句法手段分别简称为"添加（adjoining）""移位（movement）""重叠（reduplication）""删除（deletion）"。这四大类句法手段在不同自然语言中跟不同的语法范畴匹配时会有不同的实例化方式。

句法操作手段要在一定的句法位置上实现，徐杰（2005：223）通过对"疑问"等全句功能语法范畴的研究，进一步将句法操作手段概括为三类（"添加""移位""重叠"），句法操作的位置有三个（"句首""谓头""句尾"），三种句法操作手段和三个句法操作位置组配起来，理论上可以得到如表3-1所示的九种可能的匹配方式。

表3-1　句法操作手段和句法操作位置理论上可能的匹配方式

句法操作位置	句法操作手段		
	（A）添加	（B）移位	（C）重叠
（x）句首	（Ax）句首添加	（Bx）句首移位	（Cx）句首重叠
（y）谓头	（Ay）谓头添加	（By）谓头移位	（Cy）谓头重叠
（z）句尾	（Az）句尾添加	（Bz）句尾移位	（Cz）句尾重叠

但由于句首和句尾是空位，根本就没有任何东西，所以不可能进行重叠、移位操作。除去无法实现的情况，自然语言的全句功能语法范畴的句法操作实际上最多有如表 3-2 所示的五种。

表 3-2 句法操作手段和句法操作位置实际上可能的匹配方式

句法操作位置	句法操作手段		
	（A）添加	（B）移位	（C）重叠
（x）句首	（Ax）句首添加	—	—
（y）谓头	（Ay）谓头添加	（By）谓头移位	（Cy）谓头重叠
（z）句尾	（Az）句尾添加	—	—

句首、句尾和谓头三个位置之所以对全句功能范畴敏感是因为它们正好都是不同意义下的句子中心语所占据的位置，其中句首和句尾是中心语 C 占据的位置，而谓头则是中心语 I 所占据的位置。C 是带有标句词的句子中心语，I 是不带标句词的句子中心语，由于汉语的句子中心语 I 是个没有语音形式的“谓素”，因此，汉语中表达全句功能范畴的句法标记也可以位于谓头位置。而句子中心语位置之所以对全句功能范畴反应敏感则是因为句法短语与其中心语之间的“承继”（percolation）关系，即整个句法短语的语法特征应该跟其中心语相同或相近。（Cole & Sung，1990；徐杰、李莹，2010）

假设是个具有跨语言普遍性的全句功能语法范畴，也应该只能在三个句子敏感位置中的某一种上，在有独立存在意义的语法条件约束下运用三类句法手段之一来进行处理。各语言中的相关现象都是这个潜在能力在各自条件下实例化的结果，都应该是对这个封闭系统的有限选择。

3.2 假设句的句法操作

3.2.1 添加和添加的位置

跨语言的比较研究发现，在句中添加一个语法成分是表达假设的最普遍的句法手段，我们把这个语法成分称作假设标记，包括连词、关联副词、助词、一些还没有完全凝固的短语词和一些附着形式。假设标记添加的位置有三个，即句首、谓头、句尾。

句首就是句子的起首，是个空位，常常成为添加的位置。如墨西哥和美国南加州地区使用的一种名为 Zapotec 的语言和博茨瓦纳（Botswana）某些土著使用的Xoo语言就是在句首使用专表疑问的助词，例如（例句引自徐杰、李莹，2010：99）：

（1）Zapotec 语

（3-1）Nee　　nuu bisoze-lu?
疑问助词　　父亲 -你
“你父亲在吗？”

（2）Xoo 语

（3-2）Lu　　tuu　a　sii?
疑问助词　人　时态　来
“人来了吗？”

句尾是句子的收尾，也是空置的，只能进行添加操作。例如汉语中的语气词“吗、吧、乎”等，日语的疑问语气词“ka”就是添加在句尾的：

（1）汉语

（3-3）你吃饭了吗?
（3-4）快点去吧。
（3-5）吾谁欺，欺天乎？（《论语·子罕》）

（2）日语（例句引自徐杰，2001：174）

（3-6）Anatawa honwo kaimasu-ka?
你　　书　　买-疑问助词
“你买书吗？”
（3-7）Ashita mata kimasu-ka?
明天　也　来-疑问语气词?
“明天也来吗？”

谓头，是个语法位置，在线性语序上，大体就是谓语起头的位置，在形式语法理论中就是句子中心语所占据的位置（图 3-1），如果有必要，助动词等可移入该位置。（徐杰、李莹，2010）。

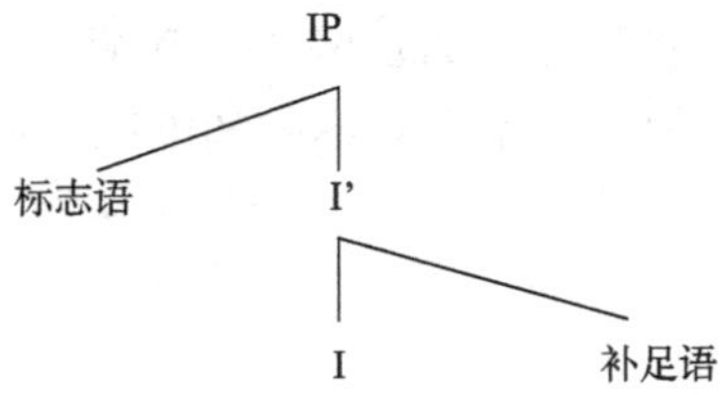

图 3-1　句子的 X 阶标图式

I 在不同语言中可能有不同的表现形式，如在英语等形态型语言的句子中心语包括时态和一致态等功能要素，需要实体词汇项支撑。有助动词时，助动词可以占据这个位置，充当这个实体词汇项。而汉语的句子中心只是一个没有外在语音形式的功能项“谓素”，它没有时态和一致态等功能项，因此不需要实体词汇项的支撑。（见徐杰、李莹，2010）

谓头跟句首、句尾一样对全句功能语法范畴（指的是那些属于整个句子的功能特征，如“疑问”“否定”等）的句法操作比较敏感，在不同语言中能够诱发各种句法手段的运用，即可以在该位置进行添加、重叠、移位等句法操作。

Comrie（1986）指出，条件小句带标记是最常见的，没有一种语言的结果小句必须使用标记而条件小句却不用标记。由于主句中添加假设标记不具有普遍性，即使有，也不具有强制性，并且添加的标记大部分是具有指示性的词语，如汉语的“那”、英语的“then”、俄语的“to”、德语的“so”等。本章只考察从句中的假设标记。

笔者从已有文献中查找到的 40 种语言是通过添加标记来表达假设的，从系属上看这些语言分属南亚语系、南岛语系、汉藏语系、印欧语系等；从语言类型上看有 SOV 型、SVO 型和 VSO 型等。

3.2.2　谓头移位

英语的假设句可以通过把谓语动词或其中的一部分，如助动词“had、should、were”等移到主语前来表达。如果“had、should、were”等就是句中的谓语动词，就把谓语动词直接移到句首；如果“had、should、were”等是谓语中的一部分，则只移该助动词，主要动词不动。例如：

（3-8）Had$_i$ I t_i the time, I would go with you.

（3-9）Were$_i$ I t_i in your place, I wouldn't do it.

（3-10）Should$_i$ you t_i change your mind, no one would blame you.

（3-11）Were$_i$ they t_i get married, they would not be happy.

德语与其类似，其后的主句往往以副词 so 开始，例如：

（3-12）Ist$_i$ er t_i damit nichet einverstanden, so müssen wir einen anderen Ausweg finden.

如果他不同意这个的话，那么我们得寻求另一种办法。

（3-13）Hätte$_i$ ich t_i gestern die nötigen Bücher gehabt, so würde ich zu Hause gearbeitet haben.

假如我昨天有了所需要的书籍的话，那我就在家中工作了。

上述英语、德语中的动词或助动词在一般陈述句中位于主语之后谓语的开头部分，即谓头语法位置或者句子中心语 I 的位置。例如：

（1）英语

（3-14）They were playing basketball yesterday morning.

（3-15）I should study hard.

（3-16）He had studied the theory before he came here.

（2）德语

（3-17）Es hat gerenet.

下过雨了。

（3-18）Wir hatten unsere Arbeit gerade beendet, da klingelte es.

我们刚刚做完了我们的工作，就响铃了。

（3-19）Der kranke ist schon genesen.

病人已经痊愈了。

综上所述，不同语言假设句的句法操作有四种类型，如表 3-3 所示：

表 3-3　假设句的句法操作类型及其对应的代表性语言

假设句的句法操作类型	对应的代表性语言
句首添加	汉语、英语、德语

续表

假设句的句法操作类型	对应的代表性语言
谓头添加	汉语、布庚语、克蔑语
句尾添加	汉语、日语、羌语
谓头移位	英语、德语

不同语言的假设句表面上千差万别，而实际上仅仅是对有限的三个句法位置和三种句法手段的不同选择而已，其差异主要是词汇选择的不同造成的。

3.3 假设标记的位置与动宾语序的和谐

自然语言主要运用添加手段表达假设，根据笔者的调查，只有汉语和部分中国境内少数民族语言有谓头添加，这些语言都有句首添加操作。为了便于分析，笔者将句首添加和谓头添加的假设标记合称为前置标记，将句尾添加的标记称为后置标记。从添加的位置来看，不同语言的假设标记有三种类型：前置标记、后置标记、既有前置又有后置标记。在对语言进行分类时，总要选择某些类型参项。一类结构涉及的方面很多，不可能对每个方面都进行比较，只能把某个方面拿出来作为参项，然后比较不同的语言在该参项下表现为哪一种属性。参项的选择一般取决于这几个因素：①参项是否具有普遍性？普遍性越大，可比性也就越强。②属性是否具有差异性？假如在某一参项下各语言表现完全相同，就无须比较。③该参项的属性是否同其他参项或现象有关。一种参项影响到的其他现象越多，即可以构成和谐关系或蕴涵关系，其类型学意义越大。（刘丹青，2004）在语序类型学中，一种语序之所以被重视，被用作类型参项，无非是因为它与其他许多句法结构乃至形态结构有关。主动宾的位置向来是被语言学家注意的，因为它是小句的主干成分。在各种语序中，Greenberg 最重视的是小句的语序，在他总结的 45 条共性中，与小句语序有关的有 15 条。所以，笔者以假设标记添加的位置和小句的语序为参项，考察它们之间的关系，考察的结果如表 3-4 所示。

表 3-4 不同语言假设标记的位置和小句语序列表

语种	假设标记	标记位置	小句语序
汉语	如果、如果说、要、要是、假如、若、若是等	前置	SVO

续表

语种	假设标记	标记位置	小句语序
汉语	的话、时、的时候、者、後、吧、呢、么等	后置	SVO
英语	if	前置	SVO
德语	wenn、falls du	前置	SVO
法语	si	前置	SVO
意大利语	se	前置	SVO
俄语	если	前置	SVO
日语	nara	后置	SOV
黎语	la :i^{3}	前置	SVO
仡佬语	ʑau^{13}sɿ^{13}、zu^{21}ko^{33}、tɕa^{55}zu^{21}	前置	SVO
克蔑语	pɔ^{31}	前置	SVO
村语	zi^{5}kuə^{5}	前置	SVO
布庚语	ʑu^{31}ko^{31}	前置	SVO
布兴语	kam pi、kam	前置	SVO
炯奈语	ʃei^{22}kɔ^{53}	前置	SVO
克木语	ʔan	前置	SVO
莽语	na^{51}	前置	SVO
义都语	poŋ^{55}	后置	SOV
赛德语	asi、nasi	前置	VOS
邹语	hotsi	前置	VOS
排湾语	nuta	前置	VOS 或 VSO
阿眉斯语	anu	前置	VOS 或 VSO
布农语	mais	前置	VSO
鲁凯语	lu	前置	VOS 或 VSO
耶眉语	anu	前置	VSO
浪速语	ʧõ^{55}	后置	SOV
鄂温克语	jaaring	后置	SOV
羌语	tu/tu ʁa、ɕi/tɕ^{h}i、-tɕ ʁa/-tɕ	后置	SOV
藏语	na^{53}	后置	SOV
彝语	ko^{33}nɯ^{33}/i^{44}nɯ^{33}	后置	SOV
	a^{21}di^{33}di^{34}	前置	
景颇语	la^{33}ma^{33}wa^{33}	前置	SOV
	jaŋ^{33}、to^{2}	后置	

续表

语种	假设标记	标记位置	小句语序
毕苏语	va^{31}	后置	SOV
	thi^{55}ne^{33}va^{31}	前置	
满语	tɕ′ i、pa	后置	SOV
哈尼语	ɣ^{33}ŋɔ^{31}	后置	SOV
阿侬语	La^{55}ʐɿ^{31}ŋ̥a^{31}	后置	SOV
白语	jõ^{44}suɑ^{44}	前置	SOV
	tsi^{55}	后置	
羌语姚坪话	tɕa^{55}ʐu^{31}、ʐu^{31}ko^{51}	前置	SOV
	ko^{33}、so^{33}/ko^{33}	后置	
梁河阿昌语	ʑɑu^{33}ʂɿ^{33}/ʑɑu^{33}	前置	SOV
	kun^{33}	后置	
勒期语	ʦa^{33}	前置	SOV
	ʧaŋ^{55}	后置	
载瓦语	taŋ^{31}kə^{55}	前置	SOV
	ʧaŋ^{55}	后置	
仙仁土家语	tɕa^{55}ʂɿ^{33}、zu^{33}ko^{54}、tɕa^{54}zu^{3}	前置	SOV

根据 Greenberg（1984），带有名词性主语、动词和宾语的陈述句中主语、动词和宾语的相对语序逻辑上有六种可能，即 SVO、SOV、VSO、VOS、OSV、OVS。在这六种之中，前三种通常作为优势语序出现，其中前两种分布最广，后三种根本不发生或极少见。笔者共考察了 40 种语言，其中 VSO 型语言 2 种，SVO 型语言 15 种，SOV 型语言 18 种，VOS 型语言 2 种，VSO 或 VOS 型语言 3 种。除了赛德语和邹语，其他 30 多种语言都属于所谓的优势语序。考察发现假设标记的位置和小句语序关系密切，SVO 型语言倾向于使用前置标记，VOS 型和 VSO 型语言倾向于使用前置标记，SOV 型语言倾向于使用后置标记。如果把 VSO、VOS 和 SOV 看作在假设标记的位置参项上处在对立的两端，SVO 更靠近 VOS，但在两者之间有点摇摆，主要使用前置标记，有时也用后置标记，尤其是汉语这种更不典型的 SVO 型语言。Greenberg（1984）已经注意到了 SVO 型语言摇摆不定的类型特征，所以他总结的 15 条跟主宾语有关的共性中竟没有一条涉及 SVO 型语言。SVO 型语言在语序上更靠近 VOS 语言，说明宾位在语序类型上比主位更起作用。如果不考虑小句的主语，仅仅看动词和宾语的语序，世界语言可分为 VO 型语言和 OV 型语言。调查结果显

示，如果一种语言是 VO 型语言，那么这种语言有前置假设标记，没有发现是 VO 型语言，但从不使用前置假设标记的情况。据此，可以提出一个理论假设，这个理论假设可以用蕴含命题的方式提出：VO 型语言蕴含（⊃）有前置假设标记。“蕴含”是一个逻辑学术语，通常用来表示两个命题之间具有充分条件关系，如果“X⊃Y”，那么“X 就是 Y 的充分条件”，即有 X 就一定有 Y，不存在有 X 而无 Y 的情况，其逻辑真值如表 3-5 所示。

表 3-5　充分条件假言推理逻辑真值表

X	Y	X 蕴含 Y 的逻辑真值
真	真	真
真	假	假
假	真	真
假	假	真

所有充分条件的逻辑真值表都是“三真一假”，只有前件真，后件假时，X⊃Y 命题假，其他三种情况下，该命题都是真的。同样地，VO 型语言⊃有前置假设标记，这条蕴含共性也包含三种情况：是 VO 型语言，有前置假设标记，如英语等；不是 VO 型语言，没有前置假设标记，如日语等；不是 VO 型语言，有前置假设标记，如彝语等。不存在是 VO 型语言，但没有前置假设标记的情况，如表 3-6 所示。

表 3-6　蕴含共性“VO 型语言⊃有前置假设标记”的四分表

+VO 型语言，+前置假设标记，如英语等	+VO 型语言，–前置假设标记，无代表语言
–VO 型语言，+前置假设标记，如彝语等	–VO 型语言，–前置假设标记，如日语等

按道理，应该存在“OV 型语言⊃有后置假设标记”这条蕴含共性，即是 OV 型语言，有后置假设标记，如日语等；不是 OV 型语言，没有后置假设标记，如英语等；不是 OV 型语言，有后置假设标记，如汉语等。不存在是 OV 型语言，却不使用后置标记的情况。根据笔者的调查，有一种语言属于例外，但也是可以解释的，仙仁土家语是 SOV 型语言，但是没有后置假设标记，由于其自身没有假设标记，其假设关联标记 $\text{tɕa}^{55}\text{ʂʅ}^{33}$（假使）、$\text{zu}^{33}\text{ko}^{54}$（如果）、$\text{tɕa}^{54}\text{zu}^{33}$（假如）等全部借自汉语的前置假设标记。这种跟其语序类型不和谐的假设标记是语言接触造成的。

另外，还有些特殊情况，有的 SOV 型语言除了有后置假设标记外还有前置假设标记：一种是既有后置假设标记又有前置假设标记，两者构成框式连词，但前置假设标记往往可以省略，后置假设标记不能省略。例如，白语中的“jõ^{44}suɑ^{44}...tsi^{55}”，梁河阿昌语中的“ʑɑu^{33}ʂʅ^{33}...kun^{33}”，彝语中的“a^{21}dɪ^{33}dɪ^{34}...i^{44}nɯ^{33}”，景颇语中的“la^{33}ma^{33}wa^{33}...jaŋ^{33}”，羌语姚坪话中的“tɕa^{55}ʐu^{31}...ko^{33}”，勒期语中的“ʦa^{33}...ʧaŋ^{55}”，载瓦语中的“taŋ^{31}kə^{55}...ʧaŋ^{55}”。

（1）白语（例句引自徐琳、赵衍荪，1984：98）

（3-20）jõ^{44}suɑ^{44}tɑ^{42}suɑ^{44}tshɯ^{55} ko^{44} tsi^{55}, ni^{21}uɛ^{55} piɑ^{42} phiɑ^{44} khuɛ31
要是　　踩滑　了　脚的话，泥稀　陷　到　大腿
pi55te44.
跟
“要是踩滑了一脚，稀泥（就会）陷没了大腿。”

（2）梁河阿昌语（例句引自余成林，2013：37）

（3-21）ʑɑu^{33}ʂʅ^{33}ŋɑ^{33} kun^{35}, liɑŋ^{33} xɑ^{33} tɕu^{55} nə^{33} khut^{55} la^{ʔ31} ka^{33} pai^{31}
要是　　我 的话，两　下 就　挣　脱掉 去 (连) 跑
xəɯ$^{33/35}$.
了。
“要是我，两下就挣脱掉跑了。”

（3）彝语（例句引自陈士林等，2009：139）

（3-22）a^{21}di^{33}di^{44}tshʅ^{33}te^{21}i^{33}hɯ^{21}a^{21}ʑʅ^{33}i^{44}nɯ^{33}, nɯ^{33}ɳi^{33}ko^{44}hɯ^{2}ʑʅ^{33}si^{33}a^{21}zo^{21}.
如果　他 电影　看 不去　的话，你 也它　看　去　不必
“如果他不去看电影的话，你也不必去。”

（4）景颇语（例句引自范丽君，2015：68）

（3-23）la^{33}ma^{33}wa^{33}phot^{55}ni^{55}naŋ^{33}ka^{31}ka^{31}te^{ʔ31}n^{33}sa^{33}jaŋ^{33}, an^{55}ʧa^{31}tha^{31}
假如　　明天　　你　别的 处不去 的话 我 俩　聊天
ʧai^{33} khat^{55} ka^{ʔ31}.
玩 相互（句尾）
“如果你明天不去别的地方，我俩互相聊聊吧？”

（5）羌语姚坪话（例句引自余成林，2013：37）

（3-24）tɕa^{55}ʐu^{31} tsɿ^{31}pə^{33} tʐua^{55}tɕa^{55} ti^{33} tə^{31}ʂe^{51}i^{31} ko^{33}, tsɿ^{31}pə^{33}
假如　今年　庄稼　（助）好　的话，今年
səŋ^{55}xo^{33} ti^{33} ʂe^{33}pɑ^{33}i^{31}.
生活　（助）　好。
"假如今年的庄稼好的话，那么今年的生活就会好转了。"

（6）勒期语（例句引自余成林，2013：38）

（3-25）naŋ^{53} tsa^{33} a^{33}kǎ^{33}ʒum^{55} ʧaŋ^{55}, mo^{55} xjɛ^{33} a^{33}pa:n^{53} tsɿ^{33} lo^{53}.
你　如果　不帮　的话　事　这　不完　做　了
"如果你不帮忙的话，工作就做不完了。"

（7）载瓦语（例句引自范丽君，2015：69）

（3-26）taŋ^{31}kə^{55}mji^{51}tha^{51}ʧɿ^{31}ʧaŋ^{55}, lǎ^{31}ŋji^{55} ma^{55} pə^{31}kjin^{55}ʧɛ^{55}pə^{51}.
如果　火车　坐　的话，一天(方助)　北京　到　了
"如果坐火车，一天就可以到北京。"

有的是后置假设标记与前置假设标记互补，如毕苏语的"va^{31}"和"thi^{55}ne^{33}va^{31}"（例句引自余成林，2013：38）：

（3-27）mɯŋ^{31}xo^{31}lɯ^{33} va^{31}, ɡa^{33} ba^{31} le^{33}.
雨　下　的话，我　不　去
"下雨的话，我就不去。"

（3-28）thi^{55}ne^{33}va^{31} ʑoŋ^{33} ba^{31} ko^{55}, ʑoŋ^{33} kha^{31}toŋ^{33} na^{33} la^{55} ʑau^{33} ʑu^{55} ʑa^{33}.
如果　他们　不　够，他们　自己　（助）　来　就　拿（助）
"如果他们不够，就让他们自己来拿吧。"

无论是框式连词，还是前后置假设标记互补，只要是 SOV 型语言，都有后置假设标记，前置假设标记有的直接借自汉语，有的是受汉语影响产生的，也是符合"OV 型语言⊃有后置假设标记"蕴含共性的。

Dryer（1992a：54）在 625 种语言库的基础上得出了一些状语性从属连词（adverbial subordinators）在状语性小句中位置的共性特征，如表 3-7 所示。

表 3-7　动宾语序类型和状语性从属连词的位置

动宾语序类型	状语性从属连词的位置	
	连词+小句	小句+连词
VO	59	1
OV	17	38
总数	76	39

资料来源：Dryer，1992a：54

统计结果显示：VO 型语言几乎都是状语性从属连词前置于状语性小句；OV 型语言状语性从属连词倾向于后置于状语小句，但不如 VO 型语言倾向性强；并且状语性从属连词以前置于状语性小句为优势语序。我们基于中国境内语言假设标记在假设从句中的位置与动宾语序关系的调查结论和 Dryer 对状语从属性连词在状语性小句的位置跟动宾语序关系的调查结论是一致的。

跨语言来看，假设标记的位置符合语序和谐理论，前置假设标记跟 VO 型语言和谐，后置假设标记跟 OV 型语言和谐。Greenberg（1984）提出了两个重要概念：优势语序与和谐语序。其中和谐指的是：在类似的结构中，对应的成分也倾向于使用同样的语序。Greenberg 关于语序和谐的思想对语言类型学的发展影响很大，很快引起了学界的广泛重视和研究。主要有 Lehmann（1978）的“统辖语和被统辖语和谐理论”，Lehmann 把所有句法结构都看作由统辖成分（如动宾结构中的动词）和被统辖成分（如动宾结构中的宾语）两部分组成，而各种结构都倾向于和谐的语序，统辖成分都在结构的同一侧，被统辖成分在另一侧。另外还有 Hawkins（1983）的“跨范畴和谐”（cross-category harmony），“跨范畴”指的是不同范畴的核心语或者从属语。后来 Dryer（1992b：87）把和谐理论直接表达为“核心-从属语”理论（the Head-Dependent Theory）：“动词类型是核心，而宾语类型是从属语，也就是说，一对成分 X 和 Y 中，当且仅当 X 是核心而 Y 是从属语时，在 VO 型语言中采用 XY 顺序的可能性会远远超过其在 OV 型语言中的可能性。”即 VO 型语言里，中心成分都在从属语之前；OV 型语言里，中心成分都在从属语之后。他们的看法在学界影响很大，“核心居首”“核心居末”参项即来自此。（Comrie，1986；刘丹青，2004，2005a；陆丙甫、金立鑫，2015）

这种类型和谐特征在汉语方言中也有不同程度的反映，刘丹青（2001）指出，吴语呈现出一种次话题优先的特征，主要表现是受事话题化比在普通话中常见得多，而受事常见的位置是主语后、动词前的次话题位置，形成了 STV

的小句结构。这样的方言离典型的 SOV 型语言已不远，出现了向 SOV 型语言靠拢的萌芽。相应地，吴语中与 OV 型语言和谐的后置假设标记比较发达，如上海方言中后置假设标记就有“末、是、咾、个闲话、仔”等多个。例如（例句引自钱乃荣，2003：302-303）：

（3-29）侬居去末，叫个替工来。（如果你回去，叫个替工来。）

（3-30）侬来末，我候侬。（要是你来，我就等你）。

（3-31）侬早一点通知是，我昨日好来了。（你早一点通知的话，我昨天就可以来了。）

（3-32）我是侬咾，老早去哰。（我要是你，早就去了。）

（3-33）我是侬个闲话，老早去哰！。（我是你的话，早就去了。）①

（3-34）明朝勿落雨仔，阿拉就到公园里去。（如果明天不下雨，我们就去公园。）

再如，西北的一些汉语方言，如甘肃、青海等地的方言由于受藏语等 SOV 型语言的影响，基本语序出现了向 SOV 型语言的转变，其标志是这些方言中出现了宾格标记，用以标识谓语动词之前的语义角色，如甘肃临夏话（例句引自石毓智，2005a：29）：

（3-35）我这个人哈认不的。（我不认识这个人。）

（3-36）我他哈劝了半天。（我劝了他半天。）

（3-37）他哈我劝了半天。（我劝了他半天。）

（3-38）玻璃哈打破给了。（玻璃给打破了。）

临夏话的“哈”是宾格标记，如果没有它，句子将会出现歧义。例如，（3-35）中若没有“哈”的话，将无法判断是“我不认识这个人”还是“这个人不认识我”。

青海话也有类似的现象，例如（例句引自黄伯荣，1996：727）：

（3-39）你报纸先我哈给。（你先把报纸给我。）

（3-40）你东西哈放下。（你把东西放下。）

SOV 型语言相对于 SVO 型语言具有复杂的形态标记系统，倾向于用形态

① 普通话翻译为笔者所加。

手段来表示各种语法范畴，通常用“主格”“宾格”来标示句子的基本成分。对于 SVO 型语言，句子的基本成分已经由语序加以表示，谓语动词之前为主语，之后为宾语，不须借用其他形态手段标明。“格”标记的出现说明这些方言具有SOV型语言的典型特征。其假设标记也是后置的，跟OV型语言和谐。例如：

（1）甘肃临夏方言（例句引自谢晓安等，1996：278）

（3-41）几个事人家们知道□①-——[ʂʅː^{42}]，不得了那件事。（如果别人知道了，就不得了。）

（3-42）价钱太贵了□-——[ʂʅː^{42}]，我不要。（如果价钱太贵，我就不要。）

（2）宁夏固原话（例句引自黄伯荣，1996）

（3-43）老张不咧上场赛[sɛ^{44}]，这场球我们就输定了。（老张不上场的话，这场球我们就输定了。）②

（3-44）我但不咧去赛，他们就来。（我如果不去的话，他们就来。）③

（3）陕北晋语沿河方言（例句引自邢向东，2006：169-170；邢向东，2005：44-45）

【府谷】

（3-45）想睡起睡去罢。（想睡的话就去睡吧。）

（3-46）你要再耍水动起，操心腿把子着。（你要再游泳的话，小心你的腿。）

【神木】

（3-47）你想睡起/动/动起睡去罢。（你想睡的话就睡去吧。）④

（3-48）你要再耍水起，操心腿把子着。（你要再游泳的话，小心你的腿。）⑤

（3-49）我那会儿好好儿念书时价，早考上大学了。（我那时好好念书的话，早考上大学了。）⑥

---

① 方言中找不到本字之处用“□”标注，余同。

②~⑥ 普通话翻译为笔者所加。

【绥德】

（3-50）你想睡动弹睡去。（你想睡的话就睡去。）①

（3-51）我那昝会儿好好念书价，早考上大学了。（我那时好好念书的话，早考上大学了。）②

【佳县】

（3-52）你想睡动儿睡去罢。（你想睡的话就去睡吧。）③

（3-53）你要再浮河动儿价，腿把子给你打折嘞！（你要再游泳的话，腿给你打断！）④

（3-54）我那会儿好好念书价，也是 tiɛ44 个（这样）了。（我那时好好念书的话，也是这样了。）⑤

【吴堡】

（3-55）你想睡的话睡去罢。（你想睡的话就去睡吧。）⑥

【清涧】

（3-56）你想来哆，我寻你去来。（你想来的话，我来寻你。）⑦

（3-57）你要再耍水去咾，操心腿把子。（你要再游泳的话，小心你的腿。）⑧

【延川】

（3-58）我那阵儿好好念书价，早考上大学了。（我那时好好念书的话，早考上大学了。）⑨

（3-59）你想来的唠哒/的话，我寻你来。（你想来的话，我来寻你。）⑩

"要""要是""的话"主要用于口语中，普通话有，方言中用的也较多，其位置分布多跟普通话相同，为了节省篇幅，笔者没有列举方言中这类假设标记。汉语方言假设标记及其位置整理如表 3-8 所示。

①~⑩ 普通话翻译为笔者所加。

表 3-8　汉语方言假设标记及其添加的位置列表

汉语方言	假设标记	前置	后置
荣成	当发、不着	+	
沂水	着		+
	一子、搁着、换了、不着	+	
临沂	几赶、不着	+	
	着		+
淄川	着		+
	不着	+	
汶上	一赶、得子	+	
	个、讪		+
金乡	但是、得是	+	
	喽		+
户县	着		+
离石	动了		+
汾阳	动了		+
太谷	动了		+
忻州	动了		+
五台山	动了		+
府谷	起、的话、时价		+
神木	起、动、的话、时价		+
绥德	动弹、起、动起、的话、嗲		+
佳县	动儿价		+
吴堡	价、的话		+
清涧	咾、的话、嗲		+
延川	哒、咾、的话、些、来些、去来		+
晋语志延片	噻		+
厦门	阿	+	
新泉	紧	+	
	一般、时		+
白流江流域	时		+
同心	哪、吵		+
	说……（去）、但	+	
固原	但	+	
	赛		+
新疆汉话	但、但是	+	

续表

汉语方言	假设标记	前置	后置
包头	若发	+	
临夏	[ʂʅ：42]		+
福州	着、若是讲、若、若是	+	
粤方言	若果	+	
廉江	讲		+
阳江	设若、若係	+	
吴方言	倘忙	+	
上海	末、是、咾、个闲话、仔		+
宁波	是话	+	
海门	若话	+	
苏州	嚜		+
南昌县（蒋巷）	是		+
祁阳	禾是	+	
	等	+	
遵义	嘞、舍、呀		+
贵阳	嘞话么、嘞话舍		+
林州	了、动了		+
浚县	嘞话		+

通过跨语言、跨方言的比较，笔者发现，假设标记的位置与动宾语序类型有关，前置标记跟 VO 型语言和谐，后置标记跟 OV 型语言和谐。

整体上，汉语假设标记的位置虽然与 VO 型语言不和谐，但仍然在世界语言的变异范围之内，与 VO 型语言类型不和谐的后置假设标记出现的原因将在后面章节中深入讨论。

有的语言通过在动词上添加形态标记来表达假设。如阿尔泰语系诸语言两个动词连用时，在前一个动词上附加形态标记来表达假设，这个形态标记称为动词的假定式或者条件式：蒙古语族语言在动词后附加-sa 或者-sə；突厥语族语言在动词后附加-sa、-sɛ 或者-sæ（孟达来，1999：63-65）；满-通古斯语族语言中鄂伦春语动词的条件法是在动词后黏着条件附加成分-k 或者-ʃik（胡增益，2001：122-123）；满语假设复句，在前一个分句的最后一个动词上加词缀-ci（王小虹，2005：19）。上述情况可整理成如表 3-9 所示。

表 3-9　阿尔泰语系语言表达假设的动词形态及附加位置列表

语系	语族	语言	形态标记	附加位置
阿尔泰语系	蒙古语族	土语	-sa	动词后
		东乡语	-sə	动词后
		保安语	-sə	动词后
		东部裕固语	-sa	动词后
		康家语	-sa	动词后
	突厥语族	维吾尔语	-sɛ	动词后
		哈萨克语	-sa	动词后
		柯尔克孜语	-sa	动词后
		乌孜别克语	-sæ	动词后
		撒拉语	-sa	动词后
	满-通古斯语族	鄂伦春语	-k、-ʃik、-ʃik	动词后
		满语	-ci	动词后

上述语言都属于阿尔泰语系，阿尔泰语系诸语言间，在句法方面有较为一致的句法形式，如在语法结构上具有黏着性特征，小句结构普遍呈现 SOV 型，有后置词而无前置词等。假设词缀嫁接在从属小句的中心语 I 位置。由于 SOV 型语言句子中心语 I 的位置（即谓头位置）与句尾位置是重合的，一般在从句的末尾。如图 3-2 所示：

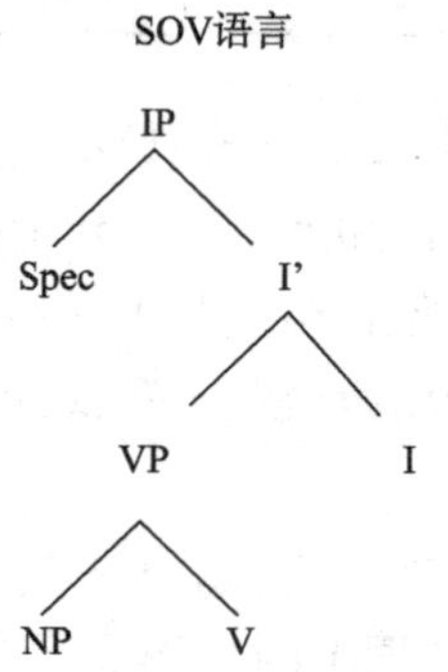

图 3-2　SOV 型语言句子的 X 阶标图式

所以，上述语言词缀添加的位置是 I 位置，也是句尾位置，与 OV 型语言的语序类型是和谐的。

有些语言同时选用词法和句法两种操作手段来表达假设。例如，哈萨克语既有假设标记“eger”又有形态标记“-sa”；孟加拉语也有两种标记假设的手段，一种是添加假设标记“jodi”，一种是在非限定动词上添加形态标记“-le”（见 Traugott et al.，1986：6）等。

3.4　汉语假设标记的位置与中心语参数

汉语后置假设标记与 VO 型语言不和谐，是汉语在中心语参数上摇摆不定的又一例证。结构主义语言学将句法结构分为向心结构和离心结构两类：向心结构至少有一个直接成分跟整个结构的功能一致，这个直接成分就是这个句法结构的中心；离心结构的所有直接成分跟整个结构的功能都不同。（Bloomfield，1933）一般认为主谓结构、带各种虚词的结构（如关联词语加分句组成的句法结构）都是离心结构。但生成语法的 X 阶标理论认为所有的句法结构都是向心结构，其中心语可以是词汇性质的实词，如名词、动词、形容词等，也可以是功能性质的虚词，如助动词、标句词、限定词等。所有合法的句法结构可统一概括为 XP，是中心语 X 逐层投射的结果（徐杰，2006），如图 3-3 所示。

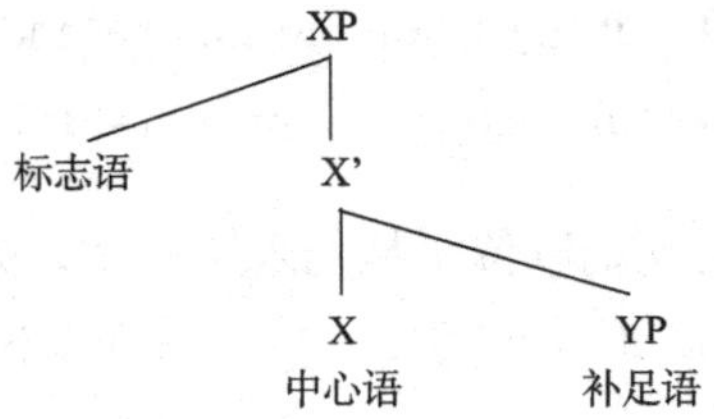

图 3-3　生成语法的合法的句法结构的 X 阶标图式

根据生成语法理论，句子也有中心，带有标句词的句子中心语是标句词 C（Complementizer，简称 Comp，在树形图中用 C 表示），不带标句词句子的中心语是屈折成分 I。C 和 IP 的组合中 C 为中心语，IP 为补足语，受 C'直接支配，C'与标志语一起构成最大投射 CP。（司富珍，2002）如图 3-4 所示。

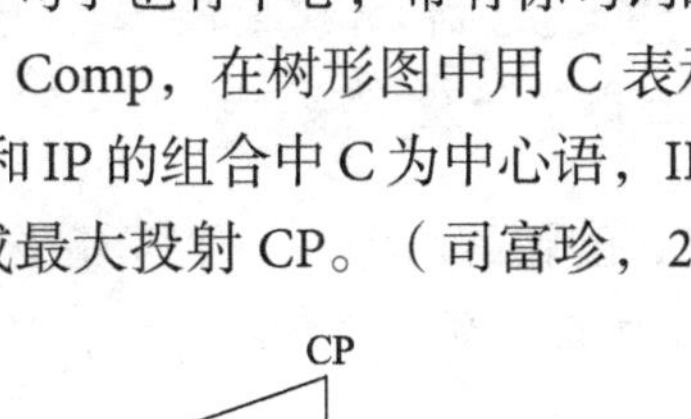

图 3-4　带标句词的句子的 X 阶标图式

目前学术界对标句词的理解不同，刘丹青（2008：32）指出，“标句词”是补足语从句的标记，即充当谓词论元的主语从句、宾语从句的标记。陆丙甫和金立鑫（2015：121）也持类似看法，认为标句词表示一个从句的开始或者结束，而这个从句在另一个更高层级从句中充当动词的宾语或者主语。后来，生成语法认为每一个独立的句子也都可以被看作一个 CP，以英语为例，每个句子 Comp 的位置在其句首（司富珍，2002），何元建（2007）认为汉语中表示语气的“吗、呢、吧”等也是标句词。本研究中的“标句词”是广义的，包括补足语从句标记和独立句子的标记。

徐杰和李莹（2010）认为假设等句法关系范畴也属于广义的句子功能范畴，因为它们与疑问等句法功能范畴具有类似的句法操作手段，所以其功能性标记词——假设标记占据的就是句子中心语的位置。

类型学研究发现标句词的位置与不同语言的动宾语序类型有关。英语作为 VO 型语言，其标句词的位置处在从句的句首，例如：

（3-60）They say [that [$_{IP}$John will study Mandarin]].

（3-61）It is difficult [for [$_{IP}$John to study Mandarin]].

（3-62）I wonder [if/whether [$_{IP}$John will study Mandarin]].

而 OV 型语言的标句词则以位于从句末尾为常，如日语小句作主语时可用定语标记兼名词化标记 no 加在小句后（后面再加主格标记 ga），例如（例句引自刘丹青，2008：32）：

（3-63）Ame-ga　hut-ta-no-ga　Taroo-wa　iya.dat-ta.
雨主格　下-过去时-名词化-主格　太郎-话题　讨厌-过去时
“下雨太郎很讨厌。”

在同样属于 OV 型语言的朝鲜语中，一个陈述小句充当补足语从句时，要在陈述句后加标句词 ko，例如（例句引自刘丹青，2008：35）：

（3-64）Na nun　John i　nœil o-n-ta　ko　malha-yos′　-ta.
我（话题）约翰(主格) 明天 将要来 （标句词）说了
“我说了约翰明天将要来。”

（3-65）Na nun　i chœk i　cœmiis′ ta　ko　sængkakha-n-ta.
我（话题）这书（主格）有意思　（标句词）　觉得
“我觉得这本书很有意思。”

综上，标句词的位置倾向可归纳为VO型语言（标句词+从句）和OV型语言（从句+标句词）。

学界往往通过动词在宾语前还是在宾语后来判定某种语言是“中心语居前”（head-initial）还是“中心语居后”（head-final）。“中心语居前”的典型代表为英语，作为句子中心语的C位居其补足语IP之前，而IP之前正是句首位置；“中心语居后”的典型代表语言是日语，作为句子中心语的C位居IP之后，即句尾位置。

一般认为汉语属于VO型语言，但在中心语参数值上，却一直摇摆不定。汉语一方面具有中心语居前语言的特点，如宾语位于动词之后，使用前置词等；另一方面又具有中心语居后语言的特点，在其他成分的语序上表现出跟OV型语言（中心语居后语言）和谐的现象，如有后置词、附置短语和方式副词位于动词之前，关系从句置于核心名词之前，比较结构中基准前置于形容词，属格短语位于名词之前等。在Dryer（1992b：81-138）的调查中，所有六大区的OV型语言都倾向于使用后置词（Postp），VO型语言都倾向于使用前置词（Prep）。汉语中前置词和后置词都很常见，既使用一批从动词虚化而来的前置词，如“把、在、从、被、到”等，也大量使用名源或副源后置词，如“上、里、起、似的”，同时还有不少框式介词，应该视为Prep/Postp共存语序。（刘丹青，2003）Dryer（1992a：56）调查的52种使用前置词的语言，其状语性从属连词全部位于小句之前，47种使用后置词的语言中状语性从属连词位于小句之前的有12种，位于小句之后的有35种。所以，跨语言来看，前置的状语性从属连词与前置词和谐，后置的状语性从属连词与后置词和谐。汉语假设标记属于状语性从属小句标记，汉语既有前置词又有后置词，这表明汉语是一种兼有中心语居前和中心语居后特征的混合型语言。

汉语标句词C的位置也反映了这种混合型语言的特点，具体表现为标句词C可以位于IP之前的句首位置，例如：

北京话（例句引自方梅，2006：113）

（3-66）大家想问您的是，<u>说</u>如果他们想去可可西里，他们应该有什么样的准备。

标句词C也可以位于IP之后的句尾位置，例如：

（3-67）你买那本书<u>吗</u>?

（3-68）你买那本书<u>吧</u>。

标句词C还可以位于谓头位置，如古汉语中位于主谓之间的“之”和现代汉语中位于主谓结构中间的“的”都是主语从句或者宾语从句的标句词，例如：

（3-69）曾子曰：“鸟之将死，其鸣也哀；人之将死，其言也善。”（《论语·泰伯》；引自CCL语料库）

（3-70）惠子曰：“子非鱼，安知鱼之乐？”（《庄子·秋水》；引自CCL语料库）

（3-71）天之弃商久矣。（《史记》；引自CCL语料库）

（3-72）我想，如果不再遇到暴风雪，我将一直睡到春天的到来。（鲁克《我们爱科学》；引自国家语委现代汉语通用平衡语料库[①]）

（3-73）朱执信的到来，使在澳的老同盟会会员们欢欣鼓舞，他们聚集在朱执信的周围，满怀热情地投入讨龙之役。（费成康《澳门四百年》；引自国家语委现代汉语通用平衡语料库）

再比如，方言中的疑问标记是疑问句的标句词，如“可、克、果、格、给、咸、阿”也是位于谓头位置，例如（例句引自转引自邵敬敏、周娟，2007：113）：

（1）河南信阳话

（3-74）你可睡觉？（你睡觉不睡觉？）

（2）安徽霍邱话

（3-75）这样做可可以？（这样做可以不可以？）

（3）云南昆明话

（3-76）你格上街？（你上不上街？）

（4）江西玉山话

（3-77）饭可熟吧？（饭熟没熟？）

① http://corpus.zhonghuayuwen.org/CnCindex.aspx

（5）江苏苏州话

（3-78）耐阿晓得？（你知道不知道？）

（6）江苏如东话

（3-79）他果喜欢你？（他喜欢不喜欢你？）

（7）云南鹤庆话

（3-80）你绘吃凉茶？（你吃不吃凉茶？）

（8）安徽合肥话

（3-81）你克吃炆蛋？（你吃不吃茶叶蛋？）

（9）广东新丰话

（3-82）你感买得到？（你买得到买不到？）

其实，汉语后置假设标记与后置词、关系从句前置、领属性短语前置一样，都有与 VO 型语言不和谐而与 OV 型语言和谐的现象，偏离了语言的倾向性共性，这再次说明了汉语在中心语参数上的摇摆不定。汉语有些后置假设标记的出现可能与汉语在历史上跟北方阿尔泰语系语言接触有关，因为阿尔泰语系语言都是 OV 型语言，并且，其中的蒙古语、满语等曾经是元代和清代统治者的语言，虽然它们在与汉语接触的过程中一直是弱势语言，但也会在强势语言中留下痕迹。例如，元代用于假设、条件等分句句尾的“呵”是在汉语自身语法结构中语气词兼作句中助词的用法的类推和蒙古语的接触影响的共同作用下产生的，蒙汉对译时用“呵”来对译蒙古语中表假设等意义的副动词，而副动词是紧贴简单动词置于分句句尾的。（孙梅青，2006；祖生利，2002）表达假设等句法关系的“呵”虽然在元末明初已迅速退出官话，但在山东、河北两省、京杭运河沿线及邻近地区（如山东的济宁、聊城、临清、德州，河北的吴桥、东光、故城、泊头、阜城、武邑、临西、清河、威县等，以及安徽阜阳和青海）的方言中仍有所保留。（李小平，2011：36）

3.5 小　　结

句法操作中最常用的句法手段是添加、移位、重叠；最常见的句法操作位置是句首、谓头、句尾。三种句法手段和三个句法位置理论上有九种匹配方式，但实际上只有五种可能，全句功能语法范畴的句法操作都是对这五种可能的选择，假设句选择了其中的四种，即句首添加、谓头添加、谓头移位、句尾添加。

在我们考察的 40 种语言中，只有英语和德语使用谓头移位表达假设。添加是假设句的主要操作手段，其中在谓头添加的也都可以在句首添加，我们将谓头和句首添加的标记合称为前置标记，句尾添加的标记称为后置标记。我们以标记的前后置为参项考察了标记位置和动宾语序类型的关联，发现前置标记跟 VO 型语言和谐，后置标记跟 OV 型语言和谐，这种类型和谐倾向在汉语方言中也有不同程度的反映，主要表现在吴方言和西北方言中，由于这两个方言的语序出现了向 SOV 型语言靠拢的倾向，所以后置假设标记比较丰富。汉语后置假设标记与其动宾语序的不和谐再次说明了汉语在中心语参数类型上的摇摆不定。

第 4 章

汉语假设标记的语法化来源

4.1 引　　言

汉语假设标记丰富，新旧更替较快，因此探索假设标记语法化来源的文献也比较多，研究角度主要有两个：其一，整体概括假设标记的形成；其二，具体分析某个或某类假设标记的语法化来源。

整体概括假设标记形成的文献主要有如下几个。周刚（2003）概述了从上古至现代汉语连词产生和发展的历史，其中包括假设连词。孔力雅（2006）用大量的语料分析了假设关联词从单音节连用到双音节定型的变化过程。王克仲（1990）通过对王引之《经传释词》等四部虚词代表著作中所收的 61 个假设义类词的分析，认为假设词表假设义是从语境中引发出来的，即语境赋义的结果。赵京战（1994）对王克仲用意合法归纳假设义类词的研究方法提出了质疑，原因是有的假设句的假设语义是通过意合法感悟到的，并不是由所谓的假设词传达的。

具体考察某个或某类假设标记来源的代表文献主要有如下几个。江蓝生（2002）分析了假设助词“时”和“後”语法化的句法环境和内部机制，揭示了“时”与“後”语法化的过程。江蓝生（2004）考察了假设标记“的话”的来源，认为“的话”的词汇化是在话语层面的两种句法位置上完成的：一是在“说 NP/VP 的话”动宾短语中，当修饰语 NP/VP 是中心语“话”的内容，二者具有同一性时，原短语结构的语义重心前移，“说 NP/VP 的话”近似于“说 NP/VP”；二是“NP/VP 的话”短语摆脱“说……的话”框架中动词“说”的制约，前移至句首做话题主语，“的话”被重新分析为后附的话题标记，然后扩展为假设标记。江蓝生不仅分析了假设标记“时”“後”“的话”的来源，并且运用跨语言比较的眼光指出由时间范畴到假设范畴，由言说动词到假设标记是世界语言普遍的语法化路径，在这方面汉语跟世界其他语言有共同的语用认知规律，这对我们研究假设标记语法化来源的类型很有启发。冯春田（2004）论述了《聊斋》俚曲中假设助词“着”的形成，认为其来源于表示先时的助词“着”。余志鸿（1999）从语言接触的视角看假设标记“呵”和“时”的语法化，认为它们都是蒙古语假设标记的音译。持相似观点的还有祖生利（2002），但学界很多学者对此观点持有异议，认为“呵”表假设的功能完全是汉语自身发展的结果，普遍赞成“呵”与“後”之间的关系比较密切。例如，黄斌（1996）指出“呵”来源于早期近代汉语的句中停顿语气词“後”，由于语音的变化，字形变为“呵”。都兴宙（1998）认为假设助词“呵”是直接由方位名词“後”演变而来。江蓝生（2002）则认为“呵”虽然取代了“後”，但与“後”并无直接来源关系。孙梅青（2006）在对宋元明 23 部文献的语料分析和对“呵”功能描写的基础上，提出“呵”语法化的机制是类推，即汉语中语气词兼作句中助词的用法对语气词“呵”用作句中助词（包括假设助词）起了重要的类推作用，并指出元代蒙汉对译是“呵”发生语法化的动因。马贝加（2002）描写了动词“要”的语法化过程，认为假设连词“要”来源于表主观愿望义的助动词“要”，持相似观点的还有古川裕（2006）。解惠全（2005）、洪波（2005）和张丽丽（2006）认为假设连词“使”“令”来源于使令义动词“使”和“令”，并考察了其语法化的过程。

有的文献考察了方言中假设标记的语法化来源。例如，邢向东（2006）考察了陕北晋语假设标记的来源，认为陕北晋语中绝大部分假设标记源于时间词，如“起、动”等，有些是“时”或“时间”的变读。王鹏翔（2005）认为晋语志延片方言的“嚜”类假设标记是近代汉语假设标记“时”和“价”的连用后合音并语法化的形式。邢向东（2005）认为延川话中的假设助词“去来”是由先时助词语法化来的，也可以看作来源于时间词。林华勇和马喆（2007）认为廉江方言假设助词“讲”来源于言说动词“讲”。

综上所述，现有研究要么整体概括假设标记的形成，要么就普通话或方言中单个或某类假设标记的语法化来源进行研究，缺乏类型学的视野。由于只在汉语内部进行考察，某个词语法化为假设标记可能被认为只是随机现象，很难发现规律。如果从跨语言、跨方言或者同一语言不同历史时期的对比的角度来考察，就会发现假设标记的语法化具有高度的规律性，主要表现为纷繁复杂的假设标记竟然来自有限的语义类别。

4.2　汉语假设标记的语法化来源类型

从跨语言的视角考察假设标记来源的主要有：Hopper 和 Traugott（2005）、Heine 和 Kuteva（2007），根据两本书提供的材料，世界语言假设标记的语法化来源类型整理如表 4-1 所示。

表 4-1　假设标记语法化来源的类型

来源	语言	标记	用例
Temporal 时间词	Hittite	man ‘when, if, potential’	—
	Tagalog	(ka)pag(ka), kung‘if, then, while’	—
	Indonesian	jika‘if, when’	—
	Karok	aha.k‘if’<aha. K‘when’	—
	some Mixtec languages	nú‘if’<nu‘when’‘whenever’	—
Say 言说动词	Lahu	qo‘if’ < qoʔ‘say’	nɔ́ ɔ̂-ve cɑ̂ qo, 2:SG DEM eat s if nɑ̀ tù sick PART ve yò. PART PART ‘If you eat that, you’ll get sick.’（如果你吃那，你就会得病）
	Tamang	Pi sam (‘say’+‘if’) ‘if one says’	—
	Idoma	ka ‘if’<ka‘say’	—
	Ga	kɛ́ ‘if’ < kɛ̀ɛ̀‘say’	mɑ́hɑ o give:I:SG:FUT you níyenii kɛ obɑ. food (say) you:come ‘I’ll give you some food if/when you come.’（我会给你一些食物，如果你来。）
	Baka	Pe ‘if’<pe‘say’	Pe mo ò siɑ if 2:SG NAR see lɛ́ mò 3:SG:OBG 2:SG jukó ɛ̀! greet 3:SG:OBG ‘Give him my greetings if you see him!’（向他传达我的问候，如果你见到他。）
Compula 系动词	Swahili	i-ki-wa‘it being that’	—
	Japanese	nara‘be’	—

续表

来源	语言	标记	用例
Compula 系动词	Chikasaw	(h)oo‘be’	—
	Russian	esli‘if’ < estli‘is it?’	—
	Chinese	SHI	—
yes-no question 是非问	Hua	-ve‘interrogative, topic status, if’	—
	Russian	esli < est‘be’+li‘whether’	—
	German	Subject-verb inversion	Glaubt er, er believes he he versteht mich understands me dann irrt er. then errs he. ‘If he thinks he understands me then he is wrong.’（如果他认为他理解我，那么他错了。）
	English	Subject-verb inversion	Were I the organizer, I would have done things differently.（我要是组织者，我就不会这么做。）
	American Sign Language	the marker of yes-no question	—
Forms with modally related meaning 跟情态意义有关的形式（如情态助词）	Mandarin Chinese	yào‘wish, be necessary, if’	—
	Minangkabau (Sumatra)	kò‘perhaps, maybe, if’	—
Forms signaling something as known or given 表达指定已知或假定事物的形式（如话题标记或指示代词）	English	given that	—
	Latin Romance	si(<sei‘so’ < *s 2nd person deictic+ei‘locative’)	—
	Sanskrit	yád‘topic, conditional’	—
	Indonesian	kalau‘if, as for’	—

表 4-1 共概括出了假设标记的六种语法化来源，因为从一个普通词语或结构发展为假设标记往往要经历很多中间环节，所以上述六种来源可能只是代表不同的发展环节。例如，汉语的假设标记“时”和“後”都可以看作来自时间词，而“後”又是由表空间处所意义的“後”语法化来的，所以时间词“後”只是“後”由空间处所词向假设标记发展的中间环节。这些中间环节跟假设的关系密切，具有普遍性，所以就没有必要继续往前追本溯源了。

实际上，表 4-1 还没有对假设标记的历史来源穷尽列举，尤其是对汉语假设标记的来源概括得很不够。下面笔者将立足于汉语，考察假设标记来源的类型，并解释为什么这些类词语能语法化为假设标记。

4.2.1 来自时间词

有的来自时间名词，例如“时”：

（4-1）洒家不看兄弟面时，把你这个都剁成肉酱。（董秀芳，2000：51）

（4-2）这银子嫌甚么？细丝儿分明都有，怎么使不得？你不识银子时，教别人看！（董秀芳，2000：51）

现代汉语方言中也有“时”作假设标记的情况，例如：

（1）新泉方言（例句引自项梦冰，1994：40)

（4-3）（紧）等尔食了（一般）时电影都开始了。（要是等你吃完的话，电影都开始了。）

（4-4）尔那得（紧）吓得倒我（一般）时，我“张”字都倒转来写。（你那样就能吓唬我的话，我“张”字都倒过来写。）

（2）白流江流域汉语方言（例句引自莫超，2004：190-191）

（4-5）我是你时肯定不截么做。（我要是你的话，肯定不这样做。）

（4-6）工作找不下时就麻烦了。（找不下工作的话就麻烦了。）

汉语史上来源于时间名词的假设标记还有“後、处、时节”等（董秀芳，2000：52-53）；陕北晋语中来自时间名词的假设标记有“价、时价、嗲、些”等（邢向东，2006：155-194）。

诱发时间名词“时”语法化的句法语义条件是：出现在时间条件短语或小句末尾，表示动作或事态是没有实现的、未然的。（江蓝生，2002：295）这与假设的非现实语义特征相适宜，满足了语法化的语义条件。

另外，汉语方言中还有来自时间助词的假设标记，其中有的来自先时体助词，如山东淄川方言的“着”（钱曾怡，2001：264）、山东沂水方言的“着”（张廷兴等，1999：234）、陕西户县方言的“着”（孙立新，2004：225）；有的来自起始体助词，如陕北晋语的“起”（邢向东，2006：177-179）；有的来自完成体助词，如陕北晋语的“咾”（邢向东，2006：188-194）、上海话中的“仔”（钱乃荣，2003：303）、河南林州方言的

“了”（谷向伟，2007：144）。

时体助词发展为假设助词的句法语义条件是时体助词有表示后继动作的成分，并且处在假设语境中。（邢向东，2006：177-194；冯春田，2004：244）经常处在假设语境中就会吸纳其语境义，从而满足了语法化的语义条件。

中国境内少数民族语言中也有时间和假设兼用的标记，如景颇语中的“jang”“yang”（例句引自戴庆厦、徐悉艰，1992：248-250）：

（1）“jang”“yang¹”表示时间

（4-7）a′ mu² kyin² jang sha¹da sha¹na¹ hkat² hkat² rai¹ ga!
事情 忙 的时候 互相 通知（助动）（助动）（泛动）句尾
事情忙的时候，我们互相告知一下吧！

（4-8）ngai no nga¹ yang¹ go¹ shi bung¹li¹ ga¹lo grai¹ sha¹kut¹ ai.
我 还 在 的时候（结助）他 活儿 做 很 努力（句尾）
我还在的时候，他干活很努力。

（2）“jang”“yang¹”表示假设

（4-9）hkrum² yang¹ chyau² tsun dan² na she²，n²hkrum² kau² dat¹ ai.
遇见 的话 倒是 告 诉 要 就 没 遇见 （助动）（助动）（句尾）
遇见的话，倒是就告诉他了，可惜没遇见。

（4-10）hkrang¹hpro¹ go¹ nau¹ sha¹du ja¹hkut¹ kau² jang n mu ai.
白菜 (结助)太 煮 使煮 （助动）的话 不好吃（句尾）
白菜煮得太过头的话，就不好吃了。

再如康家语中的“-sa”（例句引自斯钦朝克图，1999：157-158）。

（1）“-sa”表示时间

（4-11）bi te ʉdər re-sa tasɯ maʁa idesi sa.
我 那 天 来 你们 肉 吃
那天我来的时候，你们正吃肉着嘛。

（4-12）bereni ʉʤila ʤi-<u>sa</u> aba sʉgʉsina.
媳妇 看 去 父 骂
媳妇去看时，父亲在骂着。

（2）“-sa”表示假设

（4-13）bi hɔrla-<u>sa</u> ʉrʉ ajina.
我 生气 他 怕
我生气的话，他就害怕。

其他语言来自时间词语的假设标记，如英语的“when”、德语的“wenn”、日语的“toki”（刘丹青，2005b：117）、希泰语的“man”、他加禄语的“(ka)pag(ka)”“kung”、印尼语的“jika”（Hopper & Traugott，2005：186）等。

看来，由时间词语到假设标记是一条普遍的语法化路径，因为两个事件之间的时间关系很容易被转化为它们之间的逻辑联系，相对于逻辑关系，时间关系更为具体，由时间关系语法化为逻辑关系遵循了从具体到抽象的认知规律。

4.2.2 来自言说动词

汉语中的言说动词主要有“说”“讲”“话”三个，北方方言区多用“说”，吴语、粤语、闽语等南方方言区多用“讲”和“话”，汉语中这三个词语法化为假设标记的现象很普遍。

北京话的“说”引导的假设句，例如（例句引自方梅，2006：115-116）：

（4-14）你自己得有主意。<u>说</u>你父母什么的家里人都不在你身边儿，你怎么办哪?

（4-15）<u>说</u>你当头儿的不带头吃苦，我们小兵卒子傻卖什么劲儿啊。

宁夏同心话中用“说……去”套在从句前后，表假设关系。例如（例句引自张安生，2006：311）：

（4-16）<u>说</u>那个女子的人品<u>去</u>，罢了；茶饭嘛，好着哩。（如果说那女的人品的话，算了；茶饭的话，好着呢。）①

（4-17）说他吃饭去，中哩；干活去，没事。（如果说他吃饭的话，可以；干活的话，不行。②）

廉江方言的“讲”可以做假设/虚拟的话题标记，相当于普通话的“的话”。例如（例句引自林华勇、马喆，2007：157）：

（4-18）阿波仔啊，抑无考上大学讲，就回屋几耕田咯。（波子啊，要考不上大学的话，就回家种地啦。）

（4-19）抑落水讲，就湿了口[tɛ31]咯。（要是下雨的话，就全湿了啊。）

古汉语常用的言说义动词“云”，也有假设的用法。例如:

（4-20）管夷吾有病，小白问之，曰：“仲父之病疾矣，可不讳。云至于大病，则寡人恶乎属国则可？”（《列子·力命》）

汉语中由言说词作为一个构词语素构成的假设标记比较普遍，普通话常用“X 说”的形式，例如“如果说、假如说、要是说”等。汉语方言中有“X 话”的形式，如宁波用“是话”，海门用“若话”等。

由言说动词到假设标记应该经历了作引语标记的阶段，如廉江方言的“讲”、古汉语的“云”都可以作引语标记。“X 说”类假设标记是由于 X 和句首的引语标记经常连用而发生词汇化的。因为引语是转述别人的话，表达的事件并非说话人亲身经历的，而是由他人报告的，对说话者来说属于二手信息，说话者只是对已知信息进行转述，但并不能保证事件的真实性。所以，这种假设句的从句所表述的事件具有不确定性，与假设的非现实语义特征相适宜，满足了语法化的语义条件。

其他语言中来自言说动词的假设标记还有英语的“say”，例如（例句引自沈叙云，1991：38-39）：

（4-21）Say it were true, what then?
就说是真的吧，又怎么样呢?

（4-22）Say your plan fails, then what do we do?
假如你的计划失败了，那么我们怎么办?

①~② 普通话翻译为笔者所加。

另外，拉祻语的“qo”、伊多马语的“ka”、加纳国加语中的“kέ”、巴卡语言中的“pe”等假设标记也来源于言说动词。（Heine & Kuteva，2007：265）

语法化的规律之一就是频率原则，使用频率越高就越容易虚化。言说义动词是语言中使用频率较高的一类词语，所以较容易发生语法化。另外，言说动词所表达的言说意义是具体的，我们可以用耳朵听到，虚化为假设标记后表示的是抽象的逻辑关系。所以，由言说动词到假设标记也遵循了从具体到抽象的认知规律。

4.2.3　来自系动词

汉语系动词“是”作为构词语素构成的“X 是”假设标记较多见，如汉语普通话中的“要是”和“若是”等，在汉语方言如，乌鲁木齐的“但是”、神木的“惟是”、潮州的“[a^{11}]是”、福州和海口的“如是”、建瓯的“来是”、厦门的“若要是”。粤方言中的系动词记作“系”或“係”，相应地，该方言中也有“X 系”或“X 係”假设标记，如梅县话的“假系”和“若系”、阳江的“若係”等。（罗进军，2007：26-31）

从假设标记的位置来看，“X是”类假设标记位于句首和谓头。关于系动词语法化为假设标记的概念基础，Heine 和 Kuteva（2007：95）认为还不清楚，可能与是非问句的语法化路径有关。石毓智（2005b：5）认为是判断词（系动词）“是”具有从目前向将来的持续时间特征与假设表示尚未发生的、未来可能出现的情况相适宜。同时指出，汉语的情况有所不同，因为这方面常见的两个连词“要是”和“就是”的第一个语素“要”和“就”都可以单独表假设。但石毓智只指出连词“X是”类连词形成的合适的句法环境是普通的判断句，有关连词第一个语素是副词或者助动词，“是”是动词，开始时它们是偏正短语，后来凝固成了复合连词。笔者同意这种看法。

系动词作为一个构词语素构成的假设标记并非为汉语独有，斯瓦希里语的假设连词“i-ki-wa”和俄语的假设连词“esli”也分别含有一个由系动词充当的构词语素“ki”和“li”。（Hopper & Traugott，2005：186；Heine & Kuteva，2007：92）其他语言中来自系动词的假设标记的还有日语的“nara”、美国奇克索语言中的“（h）oo”。（Hopper & Traugott，2005：186）。

4.2.4 来自愿望义助动词

现代汉语中来自愿望义助动词的假设标记是“要”。例如（例句引自吕叔湘，2004：413-414）：

（4-23）你要学俄文，必得先明白这不是中文。

（4-24）要姑奶奶在这边帮着，我更放心了。

马贝加（2002：82）认为表假设的“要”在汉代就已形成，其语义来源是表示对事物的追求或希冀义的“要”，用“要”表示某人或某类人的主观愿望。

唐宋金元时期还出现了用愿望动词“欲、待”表假设的情况，但现在已不用了。（江蓝生，2002：291）“待”“待要”在近代汉语中可用作假设连词，假设标记“待”是由表“想要”“打算”的意思虚化来的。（向熹，1998：449-450）苏门答腊岛的米南卡堡语中的假设标记“ko”也来自助动词。（Hopper & Traugott，2005：186）

4.2.5 来自使令义动词

汉语中来自使令义动词的假设标记是“使”和“令”，多用于文言中。例如：

（4-25）使秦破赵，君安得有此？使赵得全，君何患无有？（《史记·平原君虞卿列传》；转引自 CCL 语料库）

（4-26）使赵不将括则已，若必将之，破赵军者必括也。（《史记·廉颇蔺相如列传》；转引自 CCL 语料库）

（4-27）使死者无知，则已矣。（《国语·勾践灭吴夫差自杀》；转引自 CCL 语料库）

（4-28）吾马赖柔和；令他马，固不败伤我乎？（《史记·张释之列传》；转引自 CCL 语料库）

（4-29）令事成归王，事败独身坐耳。（《史记·张耳陈余列传》；转引自 CCL 语料库）

（4-30）令秦来年复攻王，得无割其内而媾乎？（《战国策・赵策・秦攻赵于长平》；转引自 CCL 语料库）

关于这类词语法化的过程学界已有很多研究。太田辰夫（2003：306）认为“使”表假定来源于使役用法。解惠全（2005）也认为假设连词“使”“令”来源于使令义动词“使”和“令”。洪波（2005）进一步指出使令意义动词“使”“令”语法化为假设连词“使”“令”的句法条件是“使”类字前不出现主语，这样它的使令意义因为无使令者而被弱化了，而它后面的部分又可以独立成句，因而假设条件分句的假设意义就逐渐依附于“使”类字上，使它们逐渐虚化为一个假设连词。张丽丽（2006）将这种语法化的机制概括为“代喻”，即原本隐含在语境中并不显著的逻辑意义最后由特定词汇明确标示。

“使”和“令”假设标记在现代汉语中一般是以构词语素的形式出现的，常用的是“X 使”，如“假使”“设使”“倘使”等。

使令动词表示“让……干……”，但“干……”所表示的事件还没有发生，即还没有实现，这与假设句的非现实性是相适宜的。

希腊语的假设标记“as”也来自使令义动词。（张丽丽，2006）

4.2.6　来自比况义动词

汉语中来自比况义的假设标记有“如”“若”，多用于文言中。例如：

（4-31）王如知此，则无忘民之多于邻国也。（《孟・梁惠王上》；转引自 CCL 语料库）

（4-32）王若隐其无罪而就死地，则牛羊何择焉？（《孟・梁惠王上》；转引自 CCL 语料库）

（4-33）谨守成皋，若汉挑战，慎勿与战，无令得车而已。（《史记・高祖本纪》；转引自 CCL 语料库）

“如”和“若”都是古代汉语中最常用的假设标记，并且沿用至今，现代汉语中，“如”作为构成假设标记的语素，“若”作为构成假设标记的语素或单独表假设都比较常用，目前还没有专篇研究其来源的论文。王克仲（1990：441）提到这类假设标记是从其“似”“类”“像”一类动词意义引发出来的。梅广（2018：97）也认为，“若”“如”成为假设词，应来自比况义的“就像……那样”“正如”。比况主观色彩较强，具有一定程度的虚拟性，与假设的非现实语义相适宜，满足了其语法化的语义条件。

不只汉语有来自比况义动词的假设标记，其他语言也有，如法语的“si”、荷兰语的“zoo”等。（王克仲，1990：441）

4.2.7 来自确认义副词

文言中有来自确认义副词的假设标记，如“果”“诚”“信”“必”等。例如：

（4-34）是以圣人果可以利其国，不一其用；果可以便其事，不同其礼。（《史记·赵世家》；转引自 CCL 语料库）

（4-35）赵诚发使尊秦昭王为帝，秦必喜罢兵去。（《战国策·赵策三》；转引自 CCL 语料库）

（4-36）信能行此五者，则邻国之民仰之若父母矣。（《孟子·公孙丑上》；转引自 CCL 语料库）

（4-37）王必无人，臣愿奉璧往使。（《史记·廉颇蔺相如列传》；转引自 CCL 语料库）

确认义与假设表达的不确定义不符，但当说话者确认的事件是一个未然的事件时，就具有了不确定性，确认义副词正是在这种未然的语境下发展出假设标记用法的。

4.2.8 来自是非问标记

用是非问标记表假设在世界语言中都具有普遍性。如德语、英语等语言都用 subject-verb inversion（主语和动词倒置）来表达疑问和假使：

（1）德语

（4-38）Kennst$_i$ du t$_i$ Herrn Li?

认识 你 先生 李

“你认识李先生吗？”

（4-39）Glaubt er t_i ersteht mich dann irrt er.

认为 他 理解 我，那么错了他。

“如果他认为他理解我那么他错了。”

（4-40）Hättei er t_i das getan, wäre Ich glücklich gewesen.

(助动词)他那 做， (助动词)我 高兴 是。

“假如他当时真的那么做了，我会非常高兴的。”

（2）英语

（4-41）Will$_i$ you t_i buy the car?

（4-42）Were I t_i the organizer, I would have done things differently.

（4-43）Had he t_i done that, I would have been happy.

假设标记和是非问标记的形式常常相同，那么是由是非问标记发展为假设标记，还是由假设标记发展为是非问标记呢？下面以汉语为例来论证。

根据提问和回答方式，疑问句可分为是非问、选择问和特指问。是非问是提出一个问题，要求做出肯定或否定回答的问句；选择问是并列几个问题或正反两个方面的问题，要求选择其中一个问题或一个方面的问题作答的问句；特指问是用疑问代词代替未知部分，要求就疑问代词所问内容作答的问句。（邢福义，2001：319）形式语法针对汉语的功能范畴“疑问”的处理方式是加用疑问语气词或者正反叠用。（徐杰，2001：186）其中，针对是非问的处理方式只能是加用疑问语气词。现代汉语普通话中常用疑问语气词“吗/么”“吧”“呢”。其中“吗/么”和“吧”只能用在是非问中，“呢”用在选择问和特指问中。用于是非问的“么”和“吧”都可以用作假设标记。例如：

（4-44）如果按期交款么，那就另当别论了。（侯学超，1998：412）

（4-45）去吧，路太远；不去吧，人家又来请了好几次，实在不好意思。（吕叔湘，1981：53）

也就是说，汉语的是非问标记都可以用来表假设，但假设标记并不都能用来标记是非问。也就是说汉语是非问标记和假设标记之间存在单项蕴含关系：“是非问标记 > 假设标记”。这一共时性的单项蕴含关系反映了历时的派生关系，即假设标记来源于是非问标记，如果相反，我们就无法解释为什么有些假设标记并不能标记是非问句。另外，从语法化的研究角度看，有的是非问标记已有明确的词汇来源，如“吗/么”是否定词“无”的语法化（王力，1980：452-454），也就是说是非问标记“吗/么”的前身是“无”而不是假设标记。所以，汉语的假设标记“么”“吧”等来自是非问标记。

汉语方言中来自是非问标记的假设标记，如上海方言的“末”（例句引自钱乃荣，2003：302-303）：

（4-46）一千子担勿起末叫干人来相帮。（要是一个人拿不起，就叫个人去帮忙。）

（4-47）侬居去末，叫个替工来。（如果你回去，叫个替工来。）

（4-48）侬来末，我俟侬。（要是你来，我就等你。）

“末”在当时的上海话中可以标记是非问句（例句引自钱乃荣 2003：299）：

（4-49）回音来拉末？

（4-50）上个月工钱用完拉末？

刘丹青（2005b：113）指出“末”在当代上海话及北部吴语中已不用作疑问语气词，但是直到 20 世纪早期，上海话的“末”仍可用作疑问语气词，上海话教材《土话指南》（1908 年版，由北京话教材《官话指南》翻译改编而成）中举过这样的用例，“末”也用作“麽”：

（4-51）自家肯用心，学问还怕有啥勿进境个麽。（学问还有啥不长进的吗？）

可见上海话的假设标记“末”也是从是非问标记“末”发展来的，与普通话不同的是，上海话中“末”的疑问用法已经消失，普通话中“吗/么”的假设和疑问两种用法并存。

苏州方言中的“嚜”（相当于普通话的“么”）也可以用来表假设。（例句引自李小凡，1998：107-108）：

（4-52）早晓得嚜我勿买哉。（早知道的话我就不买了。）

（4-53）饿仔嚜自家烧点吃吃。（饿了嘛自己就做点吃吃。）

为什么疑问标记可以发展为假设标记？顾名思义，疑问就是有疑而问，表示不知道或不确定，这与假设句的非现实语义是相适宜的，满足了语法化的语义条件。

用是非问标记表假设具有跨语言的普遍性。从标记的形式看，可以是一个词缀，如巴布亚-新几内亚 Hua 语中的“-ve”；也可以是一个构词语素，如俄语的假设标记“esli”是由“est‘be’”和是非问标记“li‘whether’”构成的；也可以通过句法移位来实现，如德语、英语等语言中的主语和动词倒置；也可以是一个词，如在玛雅索西语中“mi”既可用来标记假设，相当于“if”，也可用来标记是非问句，相当于“whether”，土耳其语的条件标记“-sA”可以被是非问标记“-mI”替换。（Hopper & Traugott，2005：186；Haiman，1978：570）

4.2.9　来自话题标记

江蓝生（2004）认为现代汉语中广泛运用的假设标记“的话”是“说NP/VP 的话”短语话题化的产物，而省略和移位是其词汇化的特殊机制，并指出“的话”用作假设标记是从话题标记扩展而来的。这类假设标记在汉语方言中可能会有不同形式，如在上海话中是“个闲话”或“个话”（例句引自钱乃荣，2003：303）

（4-54）我是侬<u>个闲话</u>，老早去咪！（我是你的话，早就去了！①）

（4-55）万一<u>个话</u>，有个一只蚊子拨伊飞进来之，……（万一的话，有一只蚊子飞进来，……②）

河南浚县方言中是“嘞话”（例句引自辛永芬，2006：267）：

（4-56）要是快<u>嘞话</u>，明个斗生了。（要是快的话，明天就生了。③）

普通话的结构助词“的”在上海话中写作“个”，在河南浚县方言中写作“嘞”，所以上海话的“个话”、河南浚县的“嘞话”，就相当于普通话的“的话”。

汉语方言中的假设标记“是”也来自话题标记，例如：

①~③ 普通话翻译为笔者所加。

（1）南昌县（蒋巷）方言（例句引自谢留文，1998：123）

（4-57）是是？是犇办哩？（如果是呢？是的话怎么办？）

（4-58）渠考到了大学是？你请客箇哎？（如果他/她考上了大学呢？那你请客？）

（2）上海话及北部吴语（例句引自钱乃荣，2003：303；刘丹青，2005b：123）

（4-59）侬早一点通知是，我昨日好来了。（你早一点通知的话，我昨天就可以来了。）

（4-60）小张开车子是，速度肯定快个。（小张开车子的话，速度肯定快。）

（4-61）明朝落雨是，我也勿去勒。（明天下雨的话，我也不去了。）

刘丹青（2005b：120-123）结合北部吴语的情况分析了假设标记“是”的语法化过程，认为话题标记（大部分是假设标记）“是”是焦点标记“是”的重新分析。位于话题和焦点之间的“是”在标注焦点的同时也提示其前成分的话题性，当停顿在“是”前时，主功能是标记焦点，副功能是标记话题，如“老张，是勿大开心”。当停顿在“是”后时，主功能变为话题标记，副功能变为提示焦点，出现重新分析。“是”表假设源于其话题标记的用法。

江蓝生（2002）在考察“时”的语法化过程时指出，表时间的“时”在发展为假设标记后，又进一步语法化为话题标记。李晋霞（2005）研究了假设标记“如果说”演变为话题标记“如果说”的语义发展过程。刘丹青（2005b）认为汉语及其方言的话题标记主要有四个来源：疑问句标记、时间标记、系词“是”、副词性的话题敏感算子，前两种来源都经过了条件标记的用法，后两种来源在成为话题标记后也能用于条件句。Haiman（1978）指出条件句具有话题性，从语义上来看，条件从句和话题表述的是说话者或受话者共享的知识或共同认可的内容。

石毓智和白解红（2007：1）指出语法化的主要研究目标有两个：一是普通的词汇如何一步一步发展成为语法标记；二是一个语法标记如何进一步发展成为其他语法标记。由话题标记到假设标记或者由假设标记到话题标记的发展属于第二类研究。假设标记和话题标记之所以可以在句法功能上相互扩展，是因为其语义上的同一性。由于假设标记和话题标记的虚化程度相当，所以就某个成分来说，究竟是由话题标记发展为假设标记还是由假设标记发展成话题标记要依据历史语料来确定。

假设标记的来源代表一个普通词汇或结构向假设标记演化时常出现的中间站，它们之间有时会出现重叠现象，如汉语方言中的系动词“是”在向假设标记发展的过程中就经历了话题化的阶段，也可以看作来自话题标记的假设标记。条件句具有话题性（Haiman，1978），假设标记和话题标记之所以能在句法功能上相互扩展，是因为其语义上的同一性。

4.3　汉语假设标记语法化来源的语义特征

4.3.1　非现实性

非现实性是假设句的语义特征之一，具有该特征的词语或结构在合适的句法环境中可能转化为假设标记，如言说义动词、愿望义助动词、使令义动词、比况义动词等都具有该特征，所以，它们在一定的语境中可以语法化为假设标记。确认义副词和时间词也是在非现实语境下语法化为假设标记的。

袁毓林（2003：50）认为“未来、未实现、习惯性事情的共同特点是非现实性”。吕叔湘（2004：409）指出：“两件事情同时或先后出现，可能是偶然的，也可能是非偶然的：前者是纯粹的时间关系，后者就往往含有条件关系，尽管用的连词还是时间方面的。有几类时间关系句，必然地含有条件关系在内。一是习惯性的（即不止一次的事件），如‘每见必学’，‘见’是条件，‘学’是后果；‘每阴风细雨，从兄辄留’，‘风雨’是条件，‘留’是后果；其次是未来之事。”习惯体描写的是事物发展变化的一种趋势，具有泛时性的时间特征，即事件发生的时间不限于某一次又不限于过去、现在、将来的某个时候，很多假设标记都是在这种语境中虚化来的，如英语的“when”就是在这种语境下发展出假设用法的。冯春灿（1999：17）指出英语中有一类条件句可以用 when/whenever 改说而语义基本不变。并指出这类假设句一般用于表述一个不受时空条件与人的主观意志限制的科学性事实或人的习惯，表示某事物规律性地重复出现或可以预料是自然而然会出现的。例如：

（4-62）If you pour oil on water, it will float.

→When you pour oil on water, it will float.

（4-63）If it rains, I go by bus.

→When it rains, I go by bus.

将来时间因为是没有实现的，所以无法确定其时间点，同样具有泛时性。李泰洙（2000：54）认为表假设的“时”来自表示未然和将然的时间名词。例如（例句引自李泰洙，2000：55）：

（4-64）明日病痾了时，大（太）医根底重重的酬谢也。

（4-65）酒不好时，不要还钱。

（4-64）中的“时”用在将来时中，可以进行双重分析，既可以理解为“的时候”，也可以理解为“如果”；（4-65）中的“时”已经跟事件无关，完全语法化了，只表假设。

在山西多数方言中，“V+动+了/儿”（“了”常写作“唠”“喽”等）只表示将来的时间。例如（例句引自吴建生，2004：307）：

（1）太谷

（4-66）穿衣裳动唠慢点儿。

（2）忻州

（4-67）坐车动唠穿厚些。

（3）汾阳

（4-68）看动戏了叫上我。

（4）五台

（4-69）出圪动唠把门关好。

（5）离石

（4-70）去动唠荷（拿）上些东西。

上述方言中表假设的“动了/儿”就来自表时间的“动了/儿”，也是在将来时的语境中发生语法化的。

习惯体和将来时都具有非现实性，由于事件之间的时间关系很容易转化为事件之间的逻辑关系，所以处在非现实语境中的时间词往往吸纳其非现实语境义，重新分析为假设标记。

汉语中还有些假设标记的语法化是在非现实语境——否定句中发生的。沈家煊（2015：116）认为假设句、是非问句、否定句是相通的，都属于“非现实句”，都不是对现实的明确肯定。否定句和假设句是密切相关的，现代汉语常用的否定词是“不”和“没有”，两者都可以用来表假设，例如：

（4-71）大家没有意见，我们就这么办了。
（4-72）你不写完作业，我就不带你出去玩。

不同的是，“没有”表假设时后面只能跟名词性成分，如果名词性成分是定指的（表明该名词性成分所指事物已经存在），对已经存在的事物进行否定，显然违背现实，表示的就是反事实假设，例如：

（4-73）没有你的支持，就没有我的今天。
（4-74）没有那次出国访学的机会，他的英语就不会练这么好。

“没有”后的名词性成分如果是非定指的则表示可能假设。例如：

（4-75）大家没有意见，我们就这么办了。

“不”只能表示可能假设，例如：

（4-76）你不写完作业，我就不带你出去玩。

汉语中很多“否定词+X”类假设标记就是在这种肯定和否定对比的语境中形成的，有些是“否定词+假设标记”表假设，如汶上方言的“个”“讪”是后置假设标记，例如：

（4-77）他不去个，这事就完啦！
（4-78）他不去讪，保险没点儿事儿啦！

汶上方言中，“不个”“不讪”也可以表假设，例如（例句引自宋恩泉，2005：222-223）：

（4-79）不个你走，不个我走。
（4-80）不个给你，不个给我。

（4-81）就差两分儿，不讪他就考上啦！

“不X”其实是个浓缩的假设句，如“就差两分儿，不讪他就考上啦！”实际是“就差两分，不差两分讪（的话），他就考上啦！”

类似的比如，福州方言的“无话”（例句引自陈泽平，1998：168-169）：

（4-82）汝罔去嘛，无话我也伓去。（你去吧，否则我也不去。）

（4-83）伊着车间咊，无话就是转咯了。（他在车间咊，要不然就回去了。）

还有山东荣成、沂水、临沂、淄川的“不着”，宁化客家方言中的“不时”等。

文言中还有“不者”“不且”等，例如（例句引自吕叔湘，2004：424）：

（4-84）齐趣下三国！不且见屠。

（4-85）王已属政于执事。使者去！不者，且得罪。

另外，有些是“不+系动词”，如湖南汝城话的假设标记“唔系”，例如（例句引自黄伯荣，1996：543）：

（4-86）动棋，唔系就适搞。（下棋，不然就去玩。）

（4-87）骑单车，唔系走也做得。（骑自行车，不然就走也行。）

白话文中还有“不是”，例如（例句引自吕叔湘，2004：424）：

（4-88）轻易得不着好陈酒，求老太爷这里找几坛，交给回空的两船带回去。不是，他就叫武生买几坛带去了，说那东西的好歹外人摸不着。

也有在否定词前添加其他假设标记构成的表否定假设的假设标记，如“若非”“要不”等。

其他语言中也有专门表示否定假设的假设标记，如拉丁语的“nisi”、英语的“unless”等。

假设句和是非问句也是相通的，详见4.2.8小节的论述。

4.3.2　话题性

由于假设句具有话题性，所以话题标记也可以用来标记假设，如汉语中的系动词在语法化为话题标记后又进一步发展出了假设的用法，类似地，汉语中最常用的后置假设标记“的话”也是先词汇化为话题标记再用来表示假设的，还有其他来自话题标记的假设标记都属于这一类。详见 4.2.9 小节的论述。

汉语假设标记虽然丰富，但其语义来源要么具有非现实性或者是用于未然或不可能事态等非现实语境中而吸纳其非现实义，要么具有话题性。

4.4　汉语假设标记的语法化来源与假设标记的位置

假设标记的位置早就引起了学界的关注，但讨论最多的是标记位于主语前还是主语后的问题。马建忠（2000：318）说：“‘若’、‘苟’、‘使’、‘如’、‘设’、‘令’、‘果’、‘即’、‘诚’、‘假’诸字，皆事之未然而假设之辞，……而诸字单用，先乎起词者不常。”同时又指出“‘令’、‘假’两字，皆先起词。‘果’、‘诚’两字则后置。……惟‘使’字必先起词。”关于假设标记“使”字为什么用在主语之前，《马氏文通》解释说“盖‘使’字虽设辞，而有‘使令’之意，故先起词。然则‘令’‘假’两字当从同与。”太田辰夫（2003：307）指出“若”是放在主语后面、述语前面的，放在主语前面的并非没有，但作为现代汉语是不自然的。“若是”放在主语前后都可以，原因是“若是”为双音节，独立性增加了。吕叔湘（2004：411-413）认为文言中条件小句所用的关系词分为三类：一类是本来的关系词，如“若”“如”“苟”等多用在主语之后；一类是限定词作关系词，如“果”“诚”“倘”“或”等也是用在主语之后；一类是原是动词的关系词，如“使”“令”“假”“设”等这类词多用在小句头上。并指出白话里最常用的假设关系词是“要”字，“要”字的位置，倘若上下小句主语相同，就常常在主语之后，否则大多在主语之前。梅广（2018：93）则指出，假设词“若”“如”是上古汉语最常见的假设标记，其出现的位置比较随意，可以在主语之前或主语之后，但以在主语之后者为多。如果从句和主句主语相同，则必出现在主语之后。王春辉（2010a）基于现代汉语语料的统计发现，从句和主句主语相同时，条件从属标记位于主语前还是主语后，还跟主句主语是否出现有关系：如果两个主语都出现，那么连词就极倾向前置；如果后一主语不出现，那么连词就倾向后置。假设标记位于主语前还是主语后可能还受其他句法语用规则的制约，如假设标记"要"来源于助动词，由于助动词位于谓头，按理说假设标记"要"也应该位于谓头，如"你要去，我就不去了"，但事实上，也有位于句首位置的情况，例如：

（4-89）老林……要老赵现在没退休，我觉得事情也许还能办成。（王春辉，2010a：272）

（4-90）"要阿芳真是那样的话，我也——"这时，阿宝那种殉教徒的哭丧相，把乔老爷给气跑了。（李国文《危楼记事》；转引自CCL语料库）

王春辉（2010a）认为句首的"要"应该是"要是"脱落类词缀"是"之后形成的。一般双音节词独立性强，放在主语前也更符合现代汉语的韵律，如单音节词"使""令"倾向于放在主语之后，但由其构成的双音节词"假使""假令"则前后都可以，更适合放在句首的"要是"为什么要脱落成一个单音节呢？可能还有其他的原因，或许类推等。

不过，也有只位于主语之后的假设标记，如来自副词的假设标记"果""诚"等，由于副词位于句中的谓语动词前，所以由其语法化来的假设标记也只位于谓头位置。

现代汉语方言中来自副词的假设标记，如"但""但是/得是"，也是用于谓头。例如：

（1）同心话（例句引自张安生，2006：311）

（4-91）他但来了，赶紧给我说给些。（他如果来了，赶紧跟我说。①）

（4-92）这个东西你但不要了，就给我给给。（这个东西你如果不要了，就给我。②）

（2）固原话（例句引自黄伯荣，1996：543）

（4-93）我但不咧去赛，他们就来了。（我如果不要去，那么他们就来。）

①~② 普通话翻译为笔者所加。

（3）新疆汉话（例句引自黄伯荣，1996：543）

（4-94）他但不来，我就不去哩。（他如果不来，我就不去了。）

（4-95）他但是不骂我，我也不会打他。（如果是他不骂我，我也不能打他。）

（4）金乡方言（例句引自马凤如，2000：188-189）

（4-96）咱但是/得是能帮就帮帮他。（咱要是能帮就帮帮他。①）

可以位于句首的假设标记，多可以位于谓头，鉴于此，笔者不再具体考察哪些标记只能位于句首或者谓头，统统对应于前置假设标记。

假设标记多是从实词或其他语法成分语法化来的，语法化不仅是个语义的问题，它必须在一个合适的句法环境中逐步发展出来。所谓“合适的句法环境”，那就是一个成分在语法化之前所出现的句法结构，跟其语法化之后所出现的结构必须在结构上相同或相似（见石毓智，2006：59）。解惠全（2005）也指出实词的虚化，要以意义为根据，以句法地位为途径。一个词由实词转化为虚词，就是一个词由表示词汇意义向表示语法意义（或主要表示语法意义）的转化。一般是由于它经常出现在一些适于表现某种语法关系的位置上，从而引起词义的逐渐虚化，进而实现句法地位的固定，转化为虚词的。根据语法化的保持原则，实词虚化为语法成分以后，多少还保持原来实词的一些特点（沈家煊，2005b：7），包括句法位置上的特点，不同语言中，假设标记的位置不仅与不同语言的类型有关，也与其来源词的句法位置有关。

名词来源的假设标记一般位于假设从句的句尾，其语法化的句法环境为：名词为关系从句的核心，并且“VP+名词”=VP，这时的名词意义已经弱化，主要强调 VP，名词可重新分析为假设标记，如汉语的“时”“的时候”“後”“的话”等。由于汉语关系从句的语序为核心后置，所以由关系从句的核心语虚化来的假设标记也是后置的，有的还连带着关系从句的标记“的”，如“的时候”“的话”，方言中还有“个闲话”“嘞话”等。

来自是非问标记、话题标记和时体助词的假设标记多位于句尾，汉语的是非问标记主要通过句尾添加疑问助词“么”“吧”等实现，所以由它们发展来的假设标记也是位于从句的句尾；汉语中来自话题标记的假设标记

① 普通话翻译为笔者所加。

“是”，以及由副词“倒”“也”等重新分析为话题标记，并进一步扩展为假设标记的，这些词作为话题标记位于话题的后面，当它发展为假设标记时也是后置的；汉语的时体助词位于动词后，所以演变为假设标记的时体助词，如汉语方言中的“着”“起”“唠”“仔”等也位于句尾。

动词、助动词和副词来源的假设标记一般是前置的，但来自言说动词的假设标记在语法化的过程中，先语法化为引语标记，而引语标记既可以在引述的内容之前，也可以在引述的内容之后，所以源于言说动词的假设标记既可以在句首也可以在句尾。另外，汉语方言中的假设标记“是”和以“是”为构词语素的“要是”“若是”等假设标记来源不同，前者来自话题标记，后者来自系动词，所以前者后置，后者前置。

综上所述，汉语假设标记的语法化来源对假设标记的位置有一定的影响，如表 4-2 所示：

表 4-2　假设标记的语法化来源与其位置之间的关系表

假设标记的语法化来源	前置假设标记举例	后置假设标记举例
时间词（时间名词和时体助词）	—	时、的时候、後、些、价、时价、嗲、些、着、起、唠、仔、了
是非问标记	—	吗、吧、末
话题标记	—	的话、是、倒
助动词	要、待	—
副词	诚、果、但	—
使令义动词	使、令	—
系动词	要是、若是	—
比况义动词	若、如	—
言说动词	说、云	讲

4.5　小　结

从语法化的观点来看，虚词大部分是从实词或者句法形式虚化来的。假设标记也都来源于实词或者句法形式，这是语言的共性，但具体来自哪些语义类型的实词或者句法形式是不同的。研究发现，汉语假设标记虽然丰富，但其语义来源仅有九种类型，并且它们要么具有非现实性，如言说动词、使令义动词、比况义动词和愿望义助动词，或者是用于未然或不可能事态等非现实语境中而吸纳了其非现实义的词，如时间词和确认义副词；要么具有话题性，如系动词和其他话题标记。这些语义来源一般具有跨语言的普遍性，这不是巧合，因为非现实性和话题性均是假设的语义特征。一个词语向某一语法标记的发展，除了使用频率外，还要满足两个基本条件：一是语义相宜性；二是合适的句法环境。（石毓智，2006：32）汉语假设标记的语法化来源均与假设语义相适宜，满足了语法化的语义条件。根据语法化的保持原则，实词虚化为语法成分后，多少还保持着原来实词的一些特点，包括句法位置等。假设标记语法化前的句法位置制约着假设标记的位置，使令义动词、比况义动词、确认义副词、愿望义助动词等的假设标记在语法化之前位于小句的前端，语法化之后也位于句首或者谓头；来自时间词、是非问标记、话题标记（含方言中的系动词）等的假设标记在语法化之前位于小句的末尾，语法化之后也位于句尾；来自言说动词的假设标记在语法化的过程中，先语法化为引语标记，而引语标记既可以在引述的内容之前，也可以在引述的内容之后，所以源于言说动词的假设标记既可以在句首也可以在句尾。

第 5 章

汉语假设句的从句和主句标记配套使用情况

5.1 引　言

假设是一种重要的全句功能语法范畴，各种语言中都有标记假设的语法形式，笔者将这种语法形式称为假设标记。有标记在从句的（如“如果、要是、的话”等），也有标记在主句的（如“那、那么、就、便”等），前者为从句假设标记，后者为主句标记①。

汉语假设标记研究成果丰硕，如有关从句假设标记的位置（徐杰、李莹，2010；王春辉，2010a；朱德熙，1982：217-219；王维贤等，1994：269-276）、从句假设标记的连用（谢晓明，2010）、从句假设标记的类型（董秀英、徐杰，2009）等，而对假设句的主句标记关注较少。关于从句和主句标记共现问题，周刚（2001：48-49）指出：汉语假设条件连词不能单个使用，必须有后续连词或后续的关联副词接应才行。英语中表示假设条件关系时一般只用一个从属连词，不用两个关联成分搭配形式。而姚双云（2008：74）通过对陈染的《无处告别》、王小波的《未来世界》、王朔等的《编辑部的故事》、张承志的《北方的河》四部作品中出现的假设句的统计发现，结论分句中有后续连词或关联副词的占总数的 57.2%。上述研究给我们带来了诸多启示，但两种说法分歧较大，到底哪种说法更接近语言事实？汉语从句假

① 姚双云（2008：99）将其称为表结果的假设标记；罗进军（2007：19-22）将其称为后应型关系标记，认为这是一种弱式标记，因为这类标记可以连接多种复句，到底标记哪种类型的复句，要结合小句之间的语义联系来判断。鉴于本研究将假设句的条件小句称为从句，将结果小句称为主句，遵守学界的一般认定，我们将标记在主句的标记就称为主句标记。

设标记较为丰富，那么从句中不同假设标记跟主句标记的共现频率有何差异？对主句共现标记有没有选择倾向？以上问题的答案还不清楚。笔者拟在前人研究的基础上，通过对真实语料的考察，尝试对上述问题做出回答，并对相关共现倾向产生的原因进行解释。

5.2　汉语假设句从句和主句标记的共现情况

5.2.1　汉语假设句从句和主句标记的共现频率

假设句的主句使用标记并不具有跨语言的普遍性，一般来源于代词，如英语的“then”、德语的“so”、俄语的“to”。（Comrie，1986：88），汉语主句标记有上述指代性的，如“那、那么、那末”[①]，一般添加在主句句首：

（5-1）如果原子是一个太阳系的话，那我和我的朋友中子就是这个太阳系中的太阳。（夏宗经《质子之死》；转引自国家语委现代汉语通用平衡语料库）

（5-2）如果说，早期关于嫦娥窃不死药奔月的故事，反映了统治阶级为求长生不老而不择手段的自私心理，那么，后期关于赏月的故事，则反映了人们企图探索并征服这一神秘天体的朦胧的思想。（陆一帆《民俗美》；转引自国家语委现代汉语通用平衡语料库）

（5-3）如果说我的遭际是一幕悲剧，那末，我自己就是这悲剧的导演者。（唐弢《我要逃避》；转引自国家语委现代汉语通用平衡语料库）

另外，汉语主句还有表示时间或事理上与从句具有承接关系的标记，如“就、便、则”等，一般添加在主句的谓头，主语省略时则位于句首。例如：

（5-4）如果没有科学的捕捉方法，动物园里就不会有如此多的珍禽

① “那、那么、那末”的连词用法是由其回指性代词语法化来的（吕叔湘、江蓝生，2017；刘丹青，2007；李晋霞，2011）。

异兽了。（沈钧《动物园“请”客人》；转引自国家语委现代汉语通用平衡语料库）

（5-5）如果孩子淘气，惹是生非，母亲便一定要严加教训。（傅书松《茅盾的母亲》；转引自国家语委现代汉语通用平衡语料库）

（5-6）如果控诉要求处刑过重，则可作减轻的辩护。（魏瑰枝、张敏孚《对我国刑事诉讼中辩护制度的认识》；转引自国家语委现代汉语通用平衡语料库）

为了考察汉语主句标记的使用特点，我们选择英语作为比较对象。英语主句标记只能是指代性的“then”[①]，并且只能添加在句首。例如：

（5-7）If installing a roof-mounted system, then the array will likely mount directly to the roof.（美国当代语料库[②]）

英语中跟 then 共现的假设标记主要是 if，笔者以 if 为检索词从美国当代语料库（corpus of contemporary American English）中随机选出 500 个带有假设标记 if 的句子，其中口语语体、杂志文章语体、小说作品语体、报纸文章语体和学术著作语体各 100 句，经过人工辨析，分别找出从句位于主句之前的 if 句和主句带标记词 then 的 if 句，统计结果如表 5-1 所示。

表 5-1　英语条件标记 if 和主句标记 then 共现情况

语体	if 句的数量	if 和 then 共现的频次	if 和 then 共现的频率（%）
口语	47	0	0
杂志文章	64	3	4.7
小说作品	64	8	12.5
报纸文章	47	7	14.9
学术著作	51	10	19.6
共计	273	28	10.3

if 和 then 总的共现频率为 10.3%，其共现频率与语体有一定的相关性，按高低顺序排列为学术著作 > 报纸文章 > 小说作品 > 杂志文章 > 口语，其中前四种属于书面语体，可见，if 和 then 共现的假设句在书面语中出现的频率要高于口语，出现在逻辑推理性较强的学术语体的频率最高。

现代汉语假设句的从句中常用的标记有“如、如果、如果说、如若、假

① Dancygier 和 Sweetser（1997）认为连词“then”来源于其时间指示义的用法。

② 来自 http://corpus.byu.edu/coca。

如、假若、假使、若是、若非、要、要是、要不是、倘、倘使、倘若、倘或、设若、万一、一旦、的话”等，为了考察它们跟主句标记的共现情况，笔者将上述假设标记输入国家语委现代汉语通用平衡语料库进行检索，对出现频次超过 100 次的假设标记引导的假设句进行人工辨析。对于其中超过 500 次[①]的随机选出 500 个例句，分别统计出从句位于主句之前的假设句的数量和其中主句带指代性关联标记“那、那么、那末”的频次和频率，承接性关联标记“就、便、则”出现的频次和频率，指代性关联标记与承接性关联标记同时出现时计入前者，由于“的话”多与“如果、要是、假如、假若”等关联词语连用，所以，虽然“的话”使用频率超过 100 次，但为了纯化研究对象，这里不作分析。统计结果如表 5-2 所示。

表 5-2　汉语假设标记和主句标记共现情况

假设标记及其总频次		配套标记及其频次、频率					
假设标记	总频次	配套标记那[②]、那么[③]		配套标记就、便、则		合计	
		频次	频率（%）	频次	频率（%）	频次	频率（%）
如果	492	74	15.0	132	26.8	206	41.9
一旦	447	25	5.6	215	48.1	240	53.7
要是	484	49	10.1	142	29.3	191	39.5
假如	476	118	24.8	83	17.4	201	42.2
若	460	27	5.9	188	40.9	215	46.7
如果说	258	167	64.7	26	10.1	193	74.8
若是	201	20	10.0	66	32.8	86	42.8
倘若	167	26	15.6	38	22.8	64	38.3
万一	164	19	11.6	19	11.6	38	23.2
要不是	146	1	0.7	22	15.1	23	15.8
假使	137	22	16.1	35	25.5	57	41.6
共计	3432	548	16.0	966	28.1	1514	44.1

上述 11 个假设标记与主句标记总的共现频率为 44.1%，这与姚双云（2008：74）统计的数据比较接近，也就是说汉语有一半左右的假设句的主句是没有共现标记的，而与周刚（2001）的观察不太相符。笔者通过进一步分析

① 只有“如果、要是、若、一旦”四个假设标记使用频次超过了 500 次，其中“如果”7369 次、“要是”1156次、“若”1537次、“一旦”669次，所以，我们的统计绝大多数是穷尽性的。国家语委现代汉语通用平衡语料库是一个大规模的现代汉语通用平衡语料库，选材兼顾各种语体。所以，我们没有再分语体统计，结论代表一般规律。

② 排除了“那”为代词的用例。

③ 文中论及“那么”时均包含“那末”，为行文方便，不再一一指出。

发现，其中与英语 then 同类的指代性标记出现的频率仅为 16.0%，比英语 then 出现的频率 10.3%并没有高出太多，而承接性关联标记比指代性关联标记出现频率要高，占 28.1%。从句中的不同假设标记与主句标记共现频率差别较大，按高低顺序排列为：如果说 > 一旦 > 若 > 若是 > 假如 > 假使 > 如果 > 要是 > 倘若 > 万一 > 要不是。

另外，在北京大学中国语言学研究中心CCL语料库中，上述11个假设标记在口语化语料用例（包括口语、电影电视、相声、小品、戏剧）和所有语料用例的比值高于 1/20 的有“如果说、要是、万一、要不是”四个，其比值分别为 1/14、1/9、1/13、1/18。除了“如果说”，其他三个假设标记与主句标记共现频率都偏低，位于共现频率序列的后四位，总得来看，口语化强的假设标记与主句标记共现率偏低。“如果说”是具有口语化倾向的假设标记，但其共现频率最高，并且倾向于跟指代性关联标记共现，其中与“那么”的共现频率最高，为 61.6%；另一个共现频率超过 50.0%的假设标记是“一旦”，并且倾向于跟承接性关联标记共现，其中与“就”的共现频率最高，为 37.8%。

5.2.2 相关共现倾向产生的原因

1. “如果说”和“那么”[①]共现倾向产生的原因

尽管汉语从句假设标记和主句中指代性标记总体上共现频率不高，尽管“如果说”是一个具有口语化倾向的假设标记，但是“如果说”和“那么”的共现频率却高达 61.6%，为什么“如果说”这么特殊？根据笔者的考察，英语“if”和“then”在学术语体中共现频率最高。保加利亚语中的“ako（如果）”和“to（那么）”几乎都是在科学语体中有逻辑结论的条件句中共现。（转引自王春辉，2015：42）北京大学中国语言学研究中心 CCL 语料库的学术语体中“如果说”和“那么”的共现频率高达 70%，而口语语体（口语、百家讲坛等）中“如果说”和“那么”的共现频率还不足 20%。所以，从跨语言研究的角度来看，假设句的主句指代性标记多出现在比较注重推理的科学语体中，“那么”类指代标记主要起凸显推理的作用。

我们还发现并非所有的“如果说”句中主句标记“那么”出现的频率都很高。邢福义（2001：437-441）指出，“如果说”假设句有两种语义关系，

① 书中论及“那么”的使用情况时均包含“那末”，为行文方便，不再一一指出。

一种是比较，另一种是解注。当然，这两类是“如果说”假设句的主要语义类型，除此之外，还有极少数具有逻辑语义上的充分条件关系。当两个小句之间具有比较关系时，主句标记“那么”出现频率较高。例如：

（5-8）如果说，对各门具体科学的学习是向学生“授”科学知识之“业”，那么对自然辩证法的学习则是对学生“传”科学思想之“道”。（《自然辩证法简明教程》；转引自国家语委现代汉语通用平衡语料库）

（5-9）如果说，高压压缩机庞大如一座小山，那么水洗塔就像一座突起的山峰了。（潘根琪、朱德兴《吴泾化工厂巡礼》；转引自国家语委现代汉语通用平衡语料库）

（5-8）是现实性比较，假设从句是事实或主观认定的事实，“对各门具体科学的学习”和“对自然辩证法的学习”之间的关系与“向学生‘授’科学知识之‘业’”和“对学生‘传’科学思想之‘道’”之间的关系相似；（5-9）是虚拟性比较，从句和主句都是比喻句，比较对象“高压压缩机”和“水洗塔”之间的关系与比较结果“一座小山”和“一座突起的山峰”之间的关系相似。上述假设句的两个小句之间不存在逻辑事理上的条件关系，表示说法上的假设与结论的关系。（邢福义，2001：90-91，375）徐李洁（2003：139-140）将其归入非真正条件条件句；沈家煊（2003：202）认为这类假设句应当放在言域中来理解。上述研究均说明两个小句之间不存在语义内容上的充分条件关系，也就不具有事理上的顺承关系，而主句关联标记“那么”正好可以从形式上强化其条件关系，增强其推理性。如果把“那么”删去，句子的条件性就会减弱。例如：

（5-8'）如果说，对各门具体科学的学习是向学生“授”科学知识之“业”，对自然辩证法的学习则是对学生“传”科学思想之“道”。

（5-9'）如果说，高压压缩机庞大如一座小山，水洗塔就像一座突起的山峰了。

所以，主句句首的指代性关联标记主要起凸显条件和结论之间的推理关系的作用，便于受话人解读。根据笔者对国家语委现代汉语通用平衡语料库中“如果说”假设句的穷尽性考察，主句有共现标记“那么”的约占比较关系“如果说”假设句的 79.3%。由于“那么”比“那”连词化程度高，“如果”类假设句中“那么”的使用频率也是略高于“那”的。并且，表比较关系的“如果”句中主句假设标记“那么”一般也要出现。我们考察的“如果”句中共有三个表比较的，全是虚拟性比较。其中两个主句中有共现标记“那么”，另一个有共现标记“那”：

（5-10）如果把首都北京比作心脏，那么，四通八达的航空网则犹如空中大动脉，使全国的血液日夜流淌。（俞泉福《迅速发展的中国民航事业》；转引自国家语委现代汉语通用平衡语料库）

（5-11）如果把这一观念的变化比作一座缓慢移动的冰山，那么在激流中与惊涛骇浪殊死搏斗的漂流勇士，是露出海面的冰山之顶。（陈小川《振奋中华民族的探险开拓精神》；转引自国家语委现代汉语通用平衡语料库）

（5-12）如果原子是一个太阳系的话，那我和我的朋友中子就是这个太阳系中的太阳。（夏宗经《质子之死》；转引自国家语委现代汉语通用平衡语料库）

但由于表比较不是“如果”假设句的主要用法，出现频率偏低，不会对“如果”假设标记和主句标记的共现频率产生太大的影响。而这类假设句在“如果说”句中占绝对优势，约占“如果说”假设句的 65.5%，在推理性较强的学术语体中所占比例更大，致使“如果说”与“那么”共现频率较高。

除了比较关系，“如果说”假设句最常见的还有解注和评价关系。但这两种假设句的主句句首多用代词“那”来衔接。例如：

（5-13）如果说它有什么特点，那就是院内种了一些海棠树。（赵海清《中南海畔海棠红》；转引自国家语委现代汉语通用平衡语料库）

（5-14）如果说这些人的记录全属虚构，那似乎也不合情理。（童恩正《雪山魔笛》；转引自国家语委现代汉语通用平衡语料库）

（5-13）是解注关系，“那”指代从句中的“特点”，（5-14）是评价关系，“那”指代从句。

但解注型假设句主句的主语如果不是“那”，主句标记“那么”则倾向于出现在该位置。例如：

（5-15）如果说，哲学自身是有体系的，那么，这个体系就是客观的。

（段景莲《哲学有无体系之我见》；转引自国家语委现代汉语通用平衡语料库）

（5-16）如果说，这就是“教育危机”的话，那么这“危机”恰恰提供了改革的动力与机会，只要引导得法，“危机”就有可能变成“生机”。（《人民日报》1989 年；转引自国家语委现代汉语通用平衡语料库）

（5-13）和（5-14）似乎也可以表述为：

（5-13'）如果说它有什么特点，那么这特点就是院内种了一些海棠树。

（5-14'）如果说这些人的记录全属虚构，那么这似乎也不合情理。

这种表述不如原句简洁，所以语料中这类假设句用“那么”关联的情况较少。

还有极少数“如果说”假设句的从句和主句是逻辑事理上的充分条件关系，这时“如果说”可以替换为“如果”。例如：

（5-17）如果说只是为了求安定富裕的生活，嫁个有名气有学问的丈夫，目的像是也达到了。（赵淑侠《我们的歌》；转引自国家语委现代汉语通用平衡语料库）

（5-17'）如果只是为了求安定富裕的生活，嫁个有名气有学问的丈夫，目的像是也达到了。

由于从句和主句之间具有逻辑语义上的充分条件关系，所以强推理标记“那么”不出现，根据语义也可以解读出条件联系。同样地，由于“如果”假设句多是逻辑事理上的充分条件关系，所以，“那么”出现的频率较低，大约为 7.9%。

综上，当比较和解注型“如果说”句的从句和主句均没有逻辑语义上的充分条件关系时，属于非真正条件假设句。这里除了解注型假设句为了简洁而用代词“那”关联外，其余的均倾向于用“那么”，主要是从形式上强化从句和主句之间的条件联系，增强其推理性；逻辑语义型“如果说”假设句中主句标记“那么”倾向于不出现，但这不是“如果说”表达的主要类别，这个因素对“如果说”和“那么”共现频率影响较小。因此，“如果说”和“那么”的共现频率偏高的主要原因是“如果说”表达非真正假设条件的偏向需要强推理标记“那么”与之共现。

2. “一旦”和“就”共现倾向产生的原因

另一个跟主句标记共现频率超过 50%的假设标记是“一旦”，并且主要与承接性标记共现。这跟“一旦”引导的假设句主要表示假设条件和结果是先后紧随的事件有关。（彭小川、杨江，2006；张雪平，2014b）而“一旦”与“就”共现频率高达37.8%是因为两者语体特征一致。“则”是带有文言色彩的标记，在“一旦”假设句中出现频率为 2.2%；“‘便’多用于近代汉语，起码在口语里，‘便’逐渐被‘就’所取代”（陆俭明、马真，1985：120），“便”在“一旦”假设句中出现频率为 8.1%；“一旦”是现代汉语口语和书面语中都比较常见的假设标记（姚双云，2015），语义上倾向于跟承接性关联标记共现；而“则”和“便”在现代汉语中多用于书面语体，只有“就”在现代汉语口语和书面语体中都比较常见，所以，“一旦”和“就”语义和语体特征均相符合。同样地，在我们考察的范围内，口语化较强的“万一”“要不是”没有一例跟“则”和“便”共现，“要是”跟“则”和“便”分别有 1 例共现；“若”和“则”都带有文言色彩，多用于书面语体中，所以两者共现频率也相对较高，为 23%，大大超过了“若”跟“就”“便”的共现频率。所以，从句假设标记跟承接性标记的共现倾向跟其语体特征密切相关。

5.3 小　　结

汉语假设句的主句标记既有指代性的又有承接性的，但和从句假设标记的共现频率总体上并不高，还不到 50%，和指代性标记的共现频率更低，仅为 16%。这一点跟英语比较接近，也比较符合语言的普遍特征。从句中不同假设标记和主句标记的共现频率有差异，国家语委现代汉语通用平衡语料库中使用频次超过 100 的 11 个现代汉语常用假设标记和主句标记共现频率按高低顺序排列为如果说 > 一旦 > 若 > 若是 > 假如 > 假使 > 如果 > 要是 > 倘若 > 万一 > 要不是，具有口语化倾向的假设标记的共现频率偏低。“如果说”偏向于表达非真正假设条件句，需要强推理性标记“那么”与之共现，所以“如果说”虽然具有口语化倾向，但跟主句“那么”的共现频率达到了 60%，在推理性较强的学术语体中，其共现频率更高。“一旦”语义上要求与承接性标记组配，语体特征与“就”更符合，所以两者共现倾向也比较明显。

第 6 章

汉语假设句的语序及相关问题

6.1 引　　言

优势是对某几种同类事物相比较后的结果。没有比较，则无法显现优势。某语言中，成分 A 与成分 B 有两种语序（AB 和 BA），如果语序 BA 压倒其交替语序 AB，那么 BA 是优势语序，相应地，AB 是劣势语序。优劣之别一般被理解为频率上的高低之别，频率高的“优”于频率低的。（陆丙甫、金立鑫，2015：122）文献中对“优势”的运用往往采取比较常识性的更广泛的理解，如“优势语序”往往也指某一种语言中的无标记语序或基本语序（basic orders）（陆丙甫，2005：3）。其实根据标记理论，使用频率高的往往就是无标记的，上述说法并不矛盾。

学界对假设句内部两个小句之间的位序研究成果较多，如 Greenberg（1984）论述的语言共性中涉及从属小句和主句之间语序共性的有三条，其中语言的普遍现象 14 是关于条件小句和结论小句的语序共性的：“在条件陈述句中，所有语言都以条件从句处于结论之前为正常语序。”；Diessel（2001）考察了 Brown 语料库中的条件（if）从句、时间（before/after/ until）从句、原因（because）从句、结果（so that）从句、目的（in order to）从句五种从句相对于主句的位置，发现条件从句位于主句之前的情况优先于其他从句，它们位于主句之前的优先序列依次为条件从句 > 时间从句 > 原因从句 > 结果或目的从句。

Wang（2006：54-56）对汉语的一些状语性小句的位置进行过统计，其中口语中条件小句位于主句前的有 94 例，占 77.4%，位于主句之后的有 14 例，占 14%；书面语中条件小句位于主句之前的有 105 例，占 96.3%，位于主句之后的有 4 例，占 3.7%。这说明，书面语中条件小句更倾向于前置。

姚双云（2011）对自制的平衡语料库“现代汉语语料库”中“如果”句进行了统计，发现 579 个“如果”句中，只有 1 例从句位于主句之后，所占比例仅为 0.17%。

笔者对北京大学中国语言学研究中心 CCL 语料库中王朔作品中的“如果”句进行了穷尽搜索，共得到 342 个例句，其中假设从句位于主句之前的约占 94.7%，从句位于主句之后的约占 5.3%。由于统计的语言材料和方法不同，其结果会有差异，但现有研究结果都显示从句位于主句之前是汉语假设句的优势语序，并且优势语序具有跨语言的普遍性。

但关于优势语序产生的原因，学界说法不一，有的学者用认知语言学的象似性理论进行解释，如 Greenberg（1984：59）指出：“语序是平行于实际经验或知识顺序的。在条件关系中，虽然其真值关系是非时间性的，但逻辑学家总是用像自然语言那样的‘蕴含者—被蕴含者’的顺序把它符号化。”这一说法是用逻辑顺序象似性进行解释的。而 Comrie（1986：85）则用时间顺序象似性来解释，认为条件小句的线性顺序反映了小句间时间指示上的顺序，即条件小句的时间指示通常在结果小句之前，或者至少不会在结果小句之后。

作为印欧语，英语的虚拟条件句的从句的时制总是在主句之前，例如：

（6-1）If we left now, we should arrive in good time.

（6-2）If they hadn't gone on vacation, their house wouldn't have been broken into.

（6-3）If you dropped the glass, it would break.

Comrie（1986）提出的时间顺序象似性不光能解释英语条件句，对汉语假设句的优势语序好像也有一定的解释力。蒋严（2000：266-267）认为汉语假设句前件中的“早”是一个使时间后移的词汇虚特征，例如（例句引自蒋严，2000：266-267）：

（6-4）当初要是早听你一句话，也不至今日。

（6-5）昨天要是早知道会弄成这样，我就会多带点钱去。

（6-6）那时我真傻！早晓得这样，我就不嫁给你。

（6-4）—（6-6）句中的直指时间词“当初、昨天、那时”已经确定了前件的时制，“早”只是虚指过去，起到使时间后移的作用，后移之后，从句的时制先于主句。

时间顺序象似性可以解释所有假设句的语序问题么？事实上有些从句的时间指示在主句之后，却仍然位于主句之前，例如：

（6-7）如果比赛取消了，昨天就下雨来着。（沈家煊，2003：196）

（6-8）如果舍联俄而联帝，那就必须将“革命”二字取消，变成反动的三民主义。（徐阳春，2002：29）

Comrie（1986：86）还指出条件小句的典型特征之一是条件小句和结果小句之间存在着因果关系，条件小句前置于结果小句的倾向，可能是对原因在结果之前关系的象似性反映。但根据语义关系，假设句分为原型假设句和非原型假设句，原型假设句的两个分句之间是因果关系，非原型假设句不是。如例（6-7）“比赛取消了”是结果，“昨天下雨来着”是原因。结果位于原因之前。再比如：

（6-9）如果太阳从西边出来，我就答应你。

其中，从句表述的内容在客观世界中显然是不可能发生的，是个假命题，不可能是主句的原因。另外，语言类型学的研究表明，因果句的优势语序是结果小句前置于原因小句（宋作艳、陶红印，2008）。所以，因果象似性的解释也是不全面的。

Comrie（1986：84-85）还从话语理解的角度进行了解释，他指出，由于条件句的标记往往出现在条件小句而非结果小句中，所以将有显性标记的条件小句置于无标记的结果小句之前，标记所传达出来的非事实（nonfactual）语义能够避免小句被解释为真实陈述。但这种解释仍然不能解决假设从句没有显性标记但仍然位于主句前的情况，例如：

（6-10）不下雨，比赛就照常进行。

王春辉（2010b：474）认为条件小句语义的对比性决定了其在语序上要前置于结果小句。从说话人的角度来讲，条件小句的对比性会驱使说话人首先要说出从几个可能世界中选择出来的结果；而从受话人角度来说，他/她也希望从开始就知道说话人是在哪个可能世界范围内进行的交流。这种解释同样不能涵盖条件小句有对比性却后置于主句的情况。例如：

（6-11）乌队的两名主力队员或因被罚停赛或因受伤不能到场，中国将成为夺标大热门——如果他们能够对付得了那位难缠的守门员的话。（《人民日报》1994 年；转引自 CCL 语料库）

（6-12）继业余诗歌公开赛之后，该组织于 2 月 1 日起又推出了新的诗歌赛：人人都有问鼎的机会，如果你是用英文写作的话。（《作家文摘》1996 年；转引自 CCL 语料库）

综上所述，无论是从认知角度还是话语理解角度的解释，都存在这样或那样的问题。我们认为制约假设句语序的关键因素是篇章衔接，这可以对假设句的优势语序和劣势语序做出统一的解释。

对于从句位于主句后面的劣势语序的假设句，学界关注较少。较早对其进行专题研究的是张炼强（1992a，1992b），他将从句位于主句之前的假设句称为常式，从句位于主句之后的称为变式，并列举了从句不可后置和可后置的种种情况。问题是假设从句后置都是从前置变来的吗？

其他相关研究在说到从句后置的原因时，往往用“追补说”一带而过（邢福义，2002；王春辉，2010b）。赵元任（1968：131）指出：“假如把一段没有先想到的话，加在一个已经说完了的句子后头，这段话就是事后追补。”一般用于口头语体中。但追补是一个比较笼统的说法，其解释并不具有针对性。那么，假设从句的后置有什么动因？什么情况下必须后置？什么情况下可以后置？对这些问题的解释并不清晰。

6.2 篇章衔接与汉语假设句的优势语序

邢志群（Xing，1993）认为，语序是实现语篇衔接的一般篇章手段。从句在语篇中起到承上启下的作用，承上主要表现为话题跟前文的联系，启下主要体现在话语交际的过程，交际要进行下去，必须有一个交际的起点，即前提，然后由这个前提进一步做出推断。假设从句位于主句之前的语序反映了由前提到结论的交际进程。

从语篇上看，从句跟上文的联系很复杂，主要有以下几种衔接类型：

第一是重复性衔接，从句对前文有关信息进行重述。下面例句中从句是对画线部分的重述：

（6-13）改革开放以来，就一直有增强国家能力的呼声。如果说这种呼声是注意到国家应当掌握的权力能力的下降的话，那是有道理的。（网络语料；转引自 CCL 语料库）

（6-14）“你想问如果给你一定权力，你将扶持什么打击什么？”瘦高挑果断地适时出击，噎住大胖子，将自己的问题当大胖子的私货抛了出来。

“如果给我一定权力。”我以男强人叱咤风云的姿态侃侃而谈，“那我当然也顺我者昌逆我者亡！”（王朔《一点正经没有》；转引自 CCL 语料库）

（6-15）“他是正常的。”

总支书记叹口气：“如果你坚持说他是正常的，我们就要处分他，他就得为他做的事负责，这是严重的流氓行为。”（王朔《痴人》；转引自 CCL 语料库）

（6-16）我记得为字像牛头，一字像牛尾巴。如果细想一下牛头牛尾的来路，就会想到家里那些五彩缤纷的小画书。（王小波《革命时期的爱情》；转引自 CCL 语料库）

（6-17）艺术会使人陶醉，思想也会使人陶醉。如果艺术和思想都是上品，那么这就是双料的醇酒。（张贤亮《绿化树》；转引自 CCL 语料库）

（6-18）大粒的平头铅子弹带着火辣辣的疼痛，像飞翔的屎壳郎迎面而来，挨着的人纷纷倒地，如果能挨上一下，那该是多么惬意啊——但我没有挨上。（王小波《白银时代》；转引自 CCL 语料库）

或者从句中用“这样”或“那样”指代前文内容。例如：

（6-19）我不认为人的堕落全在于客观环境，如果是那样的话，精神力量就完全无能为力了。（张贤亮《绿化树》；转引自 CCL 语料库）

（6-20）他在想，要是时光能够倒转，让生活重新开始一次多么好啊！如果是那样的话，他就成了未卜先知的人了。（张贤亮《浪漫的黑炮》；转引自 CCL 语料库）

（6-21）如果真是这样，那就是说，那辆面包车老来撞我的脑袋——

不知它和我有何仇恨。（王小波《万寿寺》；转引自 CCL 语料库）

第二是否定性衔接，从句是对前文相关内容的否定。下面例句中的从句是对画线部分的否定：

（6-22）句子里的组合本来是有层次的，语法分析应该把它反映出来。如果不分层次，想把整个句子在一个层次上分析完，就会眉毛胡子一把抓，好多关系说不清楚。（中文学术文献语料；转引自 CCL 语料库）

（6-23）学习外语要养成用外语思维的习惯。如果没有这种习惯，用外语说话时就得先用本族语把意思想好，然后译成外语再说出来。（中文学术文献语料；转引自 CCL 语料库）

（6-24）这是因为：第一，它能向社会提供一支能在科学上有发明、在生产技术上有创造的科学研究和设计队伍。如果没有这样一支队伍，在科学技术上至多只能步他人的后尘，很难取得重大的突破。（中文学术文献语料；转引自 CCL 语料库）

（6-25）教育传递文化，从其对个体的生存和发展的意义来说，受教育的过程，也就是获得间接经验的过程。任何个体，如果没有间接经验，且不说发展，就连生存都不可能。（中文学术文献语料；转引自 CCL 语料库）

（6-26）原来这里还有好几座筒子楼，现在都拆了——如果不拆，那些楼就会自己倒掉，因为它们已经太老了。（王小波《白银时代》；转引自 CCL 语料库）

否定衔接的内容也可以用“这样”“那样”等指代，例如：

（6-27）过了不很久，她就变成了一个很漂亮的大姑娘。如果不是这样，王仙客也不会那样急于娶她做老婆。（王小波《寻找无双》；转引自 CCL 语料库）

（6-28）在目前情况下，如果没有改变整体性的教育体制，每个家长都会这样想：其他小孩采取的是应试教育，我的小孩如果不这样做，在求学方面就会落后，肯定赶不上其他小孩。（中文学术文献语料；转引自 CCL 语料库）

（6-29）目前，希腊交通部门正在通过电视和报纸等媒体向雅典人呼吁，希望他们能在奥运会期间“放弃”私家车，改乘公共交通工具，比如公交车、地铁、郊区火车和有轨电车等。如果不这样做，届时迎接雅典的恐怕就是史无前例的交通堵塞。（新华社 2004 年新闻报道；转引自 CCL 语料库）

第三是举例式衔接，假设从句是前文概述的一个例证，从句针对概述设置一个具体情景，主句则以从句设置的情景为基础展开，证明概述的正确性。如下面例句中的假设从句就是对前文画线部分设置的情景：

（6-30）他不会强迫他的学生“两耳不闻窗外事，一心只读圣贤书”。比如，如果梭罗就读于这种学府，他就仍然可以做他的测量员的半日工作，他也仍然可以只身一人住在林子里，而且，假如他愿意的话，他也可以结婚、养育子女。（《读书》；转引自 CCL 语料库）

（6-31）自然总是使人得到报偿。比如，如果一个人瞎了一只眼睛，他另一只眼睛的视力就会变得更强；如果一个人聋了一只耳朵，他另一只耳朵就会变得更聪。依此类推。（《读者》；转引自 CCL 语料库）

（6-32）学前家长就要注意培养孩子的识记自信心。比如，如果孩子能背出规定识记的东西的一部分，应该先表扬，而不要强调为什么另一部分记不起来。（《儿童心理》；转引自 CCL 语料库）

（6-33）农村思想政治工作要抓住一个时期的主要矛盾，从农民最关心、最迫切要求解决的问题入手。比如，如果一个地方今天闹宗族摩擦，明天搞土地纠纷，那么农民最现实的问题就是要求安定团结，这时思想政治工作首先要把稳定的问题解决好，然后才能谈发展、搞建设，才能谈树文明新风。（《人民日报》2000 年；转引自 CCL 语料库）

第四是假设从句和主句内部的逻辑衔接决定从句要位于主句之前。比如，从句和主句之间有递进关系或时间上的推进关系，例如：

（6-34）如果说在前两波打击下传统伦理还可以勉力应付，那么现在它已显出力不能支。（博客；转引自 CCL 语料库）

（6-35）如果说古老的品牌来自烙印和招牌的话，那么现代品牌则无疑开始于商标。（博客；转引自 CCL 语料库）

（6-36）如果时间越长久，效果就越显著。（《中国语文》1985 年第 3 期 186 页；转引自 CCL 语料库）

或者从句和主句之间是话题-说明式的解说关系，例如：

（6-37）如果说还有一种超越宗教的宗教，那就是人类之爱。（张同吾《耶路撒冷的中国作家朗诵会》；转引自 CCL 语料库）

（6-38）如果说有什么条件的话，那就是一要有才干，二是孝敬父母。（隆莉《谈镐生与邓团子》；转引自 CCL 语料库）

（6-39）如果说我现在有什么遗憾，那就是不会中文。（张文《诺贝尔物理奖新得主朱棣文》；转引自 CCL 语料库）

（6-40）如果用一个词来描述秘书长的作用，那就是独立。（《人民日报》1996 年；转引自 CCL 语料库）

（6-41）如果用一个词来概括齐晖，叶瑾说是"硬气"。（新华社 2001 年新闻报道；转引自 CCL 语料库）

（6-42）如果我可以用一个单词来概括我在美国所获得的教训的话，那就是"中国"。（[英]温斯顿·丘吉尔《第二次世界大战回忆录（第四卷）》；转引自 CCL 语料库）

第五是插入式衔接，假设从句重在启下，意在通过假设的形式插入一个并非来自上文的话题。已知信息包含两个方面，一个是在前文中明显提到过的信息，它是一种显性的已知信息，受话者可以在语言环境中找到这种已知信息；另外一种已知信息包含于非语言环境中，主要指发话者在发话时认定某种信息存在于受话者的背景知识之中，受话者可以根据自己的背景知识推导出这种已知信息，这种信息是隐性的，不能从语篇表层中找到，而是藏于语境之中的。（鞠玉梅，2003：36-37）

有的假设从句表达的信息是存在于受话者的背景知识之中的，发话者将其作为一个已知的信息充当一种新的说法的前提。例如：

（6-43）如果说中国传统文人的圣人是孔子，那么中国当代文人的圣人则是鲁迅。（高再兰，2006：31）

（6-44）如果说《诗经》是我国最早的一部诗歌总集，《尚书》则是我

国最早的一部史书。（高再兰，2006：32）

“中国传统文人的圣人是孔子”和“《诗经》是我国最早的一部诗歌总集”都是文学常识，说话者将其作为背景知识用在假设从句中充当另一种说法或推断的前提。

屈承熹（2006：171）在概况后景和前景的特点时指出：“既然后景是构建未知事件或未知情景（前景）的基础，因而，如果不做特别标记，小句间结合应该是由后景向前景推进的过程。这个无标记我们称之为 BFP 原则（Background-to-Foreground Progression）。”语言学家通常假设后景和已知信息相关，所以从句是已知信息时，自然认为其是后景，主句是前景，优势语序假设句小句间的结合符合 BFP 原则。

Haiman（1978）跨语言考察了条件小句和话题之间的关系，认为条件小句就是话题，并且将话题等同于已知信息。但话题绝不等同于已知信息，这一观点基本为学界认同。（徐烈炯、刘丹青，1998：184-188）而前置性是话题的重要特征之一，也是人类语言的一个倾向性共性（徐烈炯、刘丹青，1998：71；刘丹青，2008：254-255）。

无论是话题、旧信息还是背景（后景），假设从句的可别度均高于后面的说明、新信息、前景（图像），所以其前置倾向也符合可别度领先原理：“如果其他一切条件相同，可别度高的成分前置于可别度低的成分”（陆丙甫，2015：126）。

综上所述，假设从句前置于主句跟从句多是话题、已知信息等有关系，这其实也是篇章衔接的一种表现。并且假设从句后置大多也与语篇衔接有关，这时假设句的主句承接上文的内容，是叙述的主线。笔者将在下一小节详细论述这个问题。

6.3　汉语从句后置假设句及其出现的动因

6.3.1　从句必须后置的假设句

1. 语篇衔接需要的从句后置

有的从句后置是为了使篇章更连贯，例如：

主句是对上文部分话语的重复，例如：

（6-45）“说说吧，你们是怎么认识的？”
“都老夫老妻的，还说这些？”
“说说吧，如果不是秘密的话。”（谌容《懒得离婚》；转引自CCL语料库）

（6-46）我在这里谈中产无疑是隔靴搔痒，中产男人于我，无疑还有相当大的距离——如果要拿发达国家的中产标准来衡量的话。（网络语料；转引自CCL语料库）

（6-47）她父亲是个医生，和白求恩一样曾经是美国共产党党员，虽然在五十年代退了党，但对中国较之一般北美居民要关注一些，她的父亲曾对她说注意中国，这个国家将在下世纪成为重要的大国，如果你想有个远大前程的话。（王朔《许爷》；转引自CCL语料库）

主句是对上文的总结或者解释，例如：

（6-48）简言之，他没有理由在这里一个人晃荡——如果不是他上下班必经之地的话。（王朔《我是你爸爸》；转引自CCL语料库）

（6-49）至于本国作品，现在还有一个奇特现象，有些人欣赏《七侠五义》，似乎超过了任何现代中国作家的作品——如果新华书店的定货能作为判断一部作品的欣赏价值的标准的话。（《读书》；转引自CCL语料库）

（6-50）人们来这里，只为恢复工作后的疲劳，随便喝点，要是袋里有钱。（邢福义，2002：89）

如果不是受制于篇章衔接，上述假设句的从句似乎也可以移到主句的前面。例如：

（6-45'）如果不是秘密的话，说说吧。

（6-46'）如果要拿发达国家的中产标准来衡量的话，中产男人于我，无疑还有相当大的距离。

（6-47'）如果你想有个远大前程的话，注意中国，这个国家将在下世纪成为重要的大国。

（6-48'）如果不是他上下班必经之地的话，他没有理由在这里一个人晃荡。

（6-49'）如果新华书店的定货能作为判断一部作品的欣赏价值的标准的话，有些人欣赏《七侠五义》，似乎超过了任何现代中国作家的作品。

（6-50'）要是袋里有钱，随便喝点。

这种从句后置的假设句可看作优势语序的变式，其基础式仍然是从句位于主句之前的优势语序。

2. 对主句进行说明或限制的从句后置

有的从句是主句的预设义。预设是句子的背景信息，是句义得以形成的基础和前提。如果一个句子（a）的肯定和否定形式都以另一个句子（b）的肯定形式为前提，则 b 是 a 的预设，那么 a 真时 b 为真，a 假时 b 为真，b 假时 a 则没有意义。例如“张三戒烟了”这句话的预设是“存在张三这个人”和“张三抽过烟”而“张三没有戒烟”，这句话的预设也是“存在张三这个人”和“张三抽过烟”，其中前者是存在性预设，即命题断言的对象，一般称之为绝对预设，任何一个命题都有绝对预设；后者是从句义中推导出来的，是相对预设，相对预设的推导需要触发语，预设触发语可以是句中的谓语动词（如“戒”等），也可以是修饰性的副词（如“曾经”等）。相对预设不是任何命题都有的。

一般情况下，说出某个命题，就意味着其预设是真的，否则，说出的这个命题便没有意义。例如，如果不存在张三这个人或者张三没有抽过烟，那么，说“张三戒烟了”或者“张三没有戒烟”都是没有意义的。

有的后置假设从句其实就是主句的预设，有的是绝对预设，例如：

（6-51）吴松桥是在刘桂英疯了的时候收留她的，这样的好心人死后应该有一座好坟，这样的好心人来世应该有好报，如果有来世的话。(《作家文摘》1996 年；转引自 CCL 语料库）

（6-52）但是性格上的缺点并不能抹杀哲学上的成就，如果有成就的话。(《读书》；转引自 CCL 语料库）

（6-53）这样做完全无损于《批判》的价值——如果真有价值的话。(《读者》；转引自 CCL 语料库）

（6-54）她知道，杜苍林爱她远多于他太太，远多于他最爱他太太的时候，如果他有爱过他太太的话。（张小娴《蝴蝶过期居留》；转引自 CCL 语料库）

（6-55）看来真的不能小看拉拉队的这份工作，如果能称为工作的话。（新华社 2001 年新闻报道；转引自 CCL 语料库）

（6-56）这个任务太大，任何人也不能担当，还是留给上帝独自担当吧，如果真有一个上帝的话。（冯友兰《中国哲学简史》；转引自 CCL 语料库）

（6-57）譬如“神圣家族”大教堂，当我们都已不在这个世界的时候，它终有一天将成为“世界文化遗产”——如果这名词还在的话。（网络语料；转引自 CCL 语料库）

（6-58）自家相杀和为异族所杀当然有些不同。譬如一个人，自己打自己的嘴巴，心平气和，被别人打了，就非常气忿。但一个人而至于乏到自己打嘴巴，也就很难免为别人所打，如果世界上“打”的事实还没有消除。（鲁迅《华盖集·忽然想到十一》；转引自 CCL 语料库）

从句假定主句断言的对象“来世”“成就”“价值”“爱他太太”“工作”“上帝”“世界文化遗产”“打”等存在，是主句的存在性预设，即绝对预设。

或者从句假定主句断言的对象属于相关范畴，例如：

（6-59）黄卷发飘洒在双肩，线条优美的小嘴抹了厚厚的口红，碧蓝的眼睛滴溜溜地转。她穿了件黑红相间的花格衬衣——如果可以叫衬衣的话。（《读者》；转引自 CCL 语料库）

（6-60）这时他那枯瘦的脸上，皱纹舒展开来，干瘪瘪的嘴唇微微张开，露出缺了的门牙——我第一次看到他的微笑；如果这能算作笑的话。（张抗抗《白罂粟》；转引自 CCL 语料库）

上述假设句的从句假定主句断言的对象属于相关范畴，如认为“花格衬衣、微笑”可以归属“衬衣、微笑”等相关范畴。否则，主句无意义，如（6-60）假设从句“如果这能算作笑的话”为假，那么主句“我第一次看到他的微笑”便没有意义，这类从句也可以看作主句的绝对预设。

有的从句是主句的相对预设，例如：

（6-61）不但根本不把××放在眼里，连××也不屑一顾。但是，我们不能“人一阔、就变脸”，失去往日的谦和，如果我们曾经谦和过的话。（博客；改编自 CCL 语料库）

（6-62）有神论者和不可思议论者得同意承认空间的各种性质是内在的、永恒的、非创造的——是在所有创世之先，如果有过一次创世的话。（[美]西奥多·德莱塞《天才》；转引自 CCL 语料库）

（6-63）就我所知，敌人并未成功地从海路向克里特岛运进任何像样的援军，如果说他们确实也运到一些的话。（[美]温斯顿·丘吉尔《第二次世界大战回忆录（第三卷）》；转引自 CCL 语料库）

（6-64）在我看来，芬兰尚未逃出希特勒的魔掌，如果说它有逃出的想法的话。（[美]温斯顿·丘吉尔《第二次世界大战回忆录（第四卷）》；转引自 CCL 语料库）

（6-65）那晚上一开始，特尔就垂头丧气，这是可以理解的——因为最近他不太受欢迎——如果他曾经受到过欢迎的话。（[美]L. 罗恩·哈伯德《地球杀场》；转引自 CCL 语料库）

（6-61）从“失去往日的谦和”可推出“曾经谦和过”，（6-62）从“在所有创世之先”可推出“有过一次创世”，（6-63）从“未成功地……运进任何像样的援军”可推出“确实也运到一些”，（6-64）从“尚未逃出希特勒的魔掌”可推出“有逃出的想法”，（6-65）从“最近他不太受欢迎”可推出“他曾经受到过欢迎”。所以假设从句可从主句中推导出来，是主句的相对预设。其中（6-62）—（6-65）均来自翻译作品。

有的从句是主句的隐含义（implicature），隐含义指的是不在词或者句法结构的表层出现，而是隐含其中的意义，是超越字面意义的意义，可以根据会话合作原则推导出来。例如，遵守数量准则或者次准则会产生会话隐含义，数量准则包含两个方面，一是提供的信息要“足量”，一是提供的信息“不过量”。其中“足量”是第一性的，“不过量”是第二性的。比如，一般说“老郭有三个孩子”可以理解为“老郭只有三个孩子”。如果老郭不止三个孩子，说话人还这么说，那就违反了数量准则，说话人没有提供足量的信息。然而说话人是不会违背数量准则的，受话人相信这一点，说话人也知道受话人相信这一点。所以，一般情形下，说“老郭有三个孩子”隐含“老郭只有三个孩子”。也就是说，数量准则涉及一个量级，同一范畴的成员往往可以按它们的数量或程度大小排列起来，如果所说的话涉及一个由大到小排列的量级<X_1, X_2, X_3, …, X_n>，那么说出 X_2 时隐含着 $\sim X_1$，说出 X_3 时，隐含着 $\sim X_1$、$\sim X_2$；依此类推，说出 X_n 时隐含着“$\sim X_{n-1}$, $\sim X_{n-2}$, …, $\sim X_1$”。即说出量级上的某一项时隐含着该项左边的各个较大和较强的项不成立。（沈家煊，2015：68-69）这种隐含义叫级差隐含义，指的是那种对于级差标尺上否定所言内容之外的任何较高的值产生的隐含意义。

根据会话合作原则中的数量准则，假设句的主句说出某物具有某种程度，就意味着其不具有更高的程度，从句否定其具有更高程度，其实就是主句的隐含义。例如：

（6-66）有时候读旧书就与读新书一样有意思，如果不是更有意思的话。(《读书》；转引自 CCL 语料库》)

（6-67）而且他发现疗养地的人们大多是和他年龄相仿的人，如果不是更大的话。年近半百，须发花白的；弯腰驼背，老态龙钟的；还有……（王蒙《海的梦》；转引自 CCL 语料库）

（6-68）未经当事人认可，为避抄袭外国电影情节之嫌，进屋之后的种种作态、行为不再赘述，想来一定是令人心惊肉跳的，如果算不上是惊心动魄的话。（王朔《许爷》；转引自 CCL 语料库）

（6-69）“可其实你在内心深处对圣并无好感，如果算不上讨厌的话。”“胡说，我们关系一向很好，直到今天还保持着友谊……”（王朔《我是“狼”》；转引自 CCL 语料库）

（6-70）“文化阁楼”即使在文化发达的年代，也还有存在价值——如果不是更有存在价值的话。(《读书》；转引自 CCL 语料库）

（6-71）我们的主席今天告诉我们，我们不必为反理性主义的反动感到不安，这种反动十分微弱，如果不是微不足道的话。（[英]卡尔·波普尔《猜想与反驳》；转引自 CCL 语料库）

（6-72）但他们常常还是比他们的政府明智，如果不是更明智的话，那也怀有更美好和更慷慨的意图。（[英]卡尔·波普尔《猜想

与反驳》；转引自 CCL 语料库）

其实这类假设句的从句是主句的隐含义，这类假设句的从句和主句在对事物的描述上存在程度等级，例如，（6-66）的“有意思”和“更有意思”，（6-67）的“相仿”和“更大”，（6-68）的“心惊肉跳”和“惊心动魄”，（6-69）的“好感”和“讨厌”，（6-70）的“有存在价值”和“更有存在价值”，（6-71）的“十分微弱”和“微不足道”，（6-72）的“明智”和“更明智”等存在由小到大的量级差异。根据数量准则，说出程度低的就隐含着否定其具有更高的程度，例如，说出“有意思”就等于否定“更有意思”，说出“相仿”就等于否定“更大”，说出“心惊肉跳”就等于否定“惊心动魄”，说出“好感”就等于否定“讨厌”，说出“有存在价值”就等于否定“更有存在价值”，说出“十分微弱”就等于否定“微不足道”，说出“明智”就等于否定“更明智”。从句其实就是主句的隐含义，因为主句在说出某物具有某种程度时就隐含着其不具有更高的程度。所以，从句可以由主句推导出来，不需出现。其中（6-71）和（6-72）来自翻译作品。

预设义也好，隐含义也好都是可以从主句中推断出来的，不需要以显性的形式出现，从逻辑关系上看，从句是对主句进行说明或限制的，所以只能位于主句之后，不能位于主句之前，为了便于观察分析，笔者从上述各类从句后置的假设句中选择（6-53）（6-61）（6-70）作为代表例句分别编号为（6-73）（6-74）（6-75）：

（6-73）这样做完全无损于《批判》的价值——如果真有价值的话。（《读者》；转引自 CCL 语料库）

（6-74）不但根本不把××放在眼里，连××也不屑一顾。但是，我们不能“人一阔、就变脸”，失去往日的谦和，如果我们曾经谦和过的话。（博客；改编自 CCL 语料库）

（6-75）“文化阁楼”即使在文化发达的年代，也还有存在价值——如果不是更有存在价值的话。（《读书》；转引自 CCL 语料库）

上述例句中的从句不能移到主句之前，如不能变换为：

*（6-73'）如果真有价值的话，这样做完全无损于《批判》的价值。

*（6-74'）如果我们曾经谦和过的话，我们不能“人一阔、就变脸”，失去往日的谦和。

*（6-75'）如果不是更有存在价值的话，“文化阁楼”即使在文化发达的年代，也还有存在价值。

上述例句省去从句，对句子的命题意义影响不大，可变换为：

（6-73"）这样做完全无损于《批判》的价值。

（6-74"）我们不能“人一阔、就变脸”，失去往日的谦和。

（6-75"）“文化阁楼”即使在文化发达的年代，也还有存在价值。

并且，后置的假设从句也可以直接插入断言对象的后面，以注释的形式出现。例如：

（6-76）他们没有发现，知识共享，可以同样有效（如果不是更有效地）增进知识。（网络语料；转引自 CCL 语料库）

（6-77）生理构造与功能与常人无异，您的吃、喝、拉、撒、睡与常人无异（如果不是更差的话），您的语言文字与国人无异……（王蒙《再说安详》；转引自 CCL 语料库）

（6-78）世界委员会的小组委员会或各洲的小组委员会（如果有这种组织的话）可以调处争端，并监督或控制准军事力量的发展及与此有关的问题。（[美]温斯顿·丘吉尔《第二次世界大战回忆录（第五卷）》；转引自 CCL 语料库）

（6-79）如果这些国家既排斥移民又不开发它们的主要资源，以致不能用世界其他地方所需的剩余资源供应它们，责任（如果有什么责任的话）将主要归咎于这些国家。（[美]阿瑟·刘易斯《经济增长理论》；转引自 CCL 语料库）

这说明后置的假设从句不是必须出现的，是冗余信息，但冗余形式不符合语言的经济性原则，同时也违反了会话合作原则中方式准则的第三条次准则“简练或避免啰唆”，当说话人有简单的形式不用，而选择复杂的形式时，可以断定说话人并非随意这样做，必定有特殊的语用目的。

由于自然语言中确实有受话人认为说话人说出的话预设为假的情况，受话人可能会对其进行修正，形成元语言否定句。例如：

（6-80）鲍小姐谈不上心和灵魂，她不是变心。因为她没有心。（钱钟书《围城》；转引自 CCL 语料库）

例（6-80）的后续句“因为她没有心”说明前面一个小句断言的对象“变心”是不存在的。

语言中大多数表示数量或程度的词语都会有一个下限义和一个上限义。例如（例句引自沈家煊，2015：63）：

甲：今天天气暖和吗？

乙：a. 暖和，还有点热呢。（肯定的是其下限义“至少暖和，不冷”）

b. 不是暖和，还有点热。（否定的是其上限义“只是暖和，不热”）

尽管程度词的下限义是其固有义，也是其常规义，但有时受话人仍然会将话语中的程度词理解为其上限义，并且认为其程度不够而对其进行修正，形成元语言否定句，例如：

（6-81）不是什么“有点不合适”，而是十分冒昧，十分唐突，十分荒谬。（谌容《懒得离婚》；转引自 CCL 语料库）

（6-82）朋友们都说这面好吃，不对，是非常非常的好吃。（统一方便面电视广告词；转引自 CCL 语料库）

（6-81）受话人将“有点不合适”理解为其上限义“只是有点不合适”，认为其程度不够，所以通过元语言否定对其进行修正；同样，（6-82）受话人将“好吃”理解为其上限义“只是好吃”，认为其程度不够，随后对其进行否定。

正是因为说话人的本意有可能跟受话人的理解产生分歧，从句对主句断言的内容做进一步的说明或者修正，从而使自己的表达更严谨。所以，从句后置假设句出现的动因是为了避免交际时产生分歧，使自己的表达更严谨。

6.3.2 从句可以后置的假设句

有的假设句的从句以“如果我没 VP 错（的话）”为常用格式，VP 一般是表示感知义或心理义的动词，如“看、听、记、理解、猜”等或者“弄、搞”等泛义动词。这类假设句在语料中，尤其是汉语原创作品中多位于主句之前，例如：

（6-83）“章先生，”大律师正色道，“如果我没记错，你来重庆已经六天。”（莫怀戚《陪都旧事》；转引自 CCL 语料库）

（6-84）“是的。”“如果我没记错的话，你服役的那艘军舰驻泊北方一个海滨城市的港口。”（王朔《我是“狼”》；转引自 CCL 语料库）

（6-85）我是其中之一，参加小说组讨论，担任记录员。如果我没记错，茹志鹃老师，好像担任副组长。（梁晓声《京华闻见录》；转引自 CCL 语料库）

（6-86）一夜之间，很多男人“忽然中产”起来。如果我没记错的话，自去年某周刊做了一期《中国：一个新兴阶层的诞生》。（网络语料；转引自 CCL 语料库）

（6-87）你也专程跑来替她恳求——如果我没猜错，你是来替她劝我的吧。（铁凝《大浴女》；转引自 CCL 语料库）

（6-88）如果我没记错的话，为适应城市发展的需要，解决交通拥挤难题，当时就有 13 座立交桥同时开工。（《人民日报》1996 年；转引自 CCL 语料库）

（6-89）如果我没有听错，这是他自己来说了。（[英]阿瑟·柯南道尔《福尔摩斯探案集 06》；转引自 CCL 语料库）

（6-90）如果我没理解错的话，您准备反对捷克斯洛伐克。（[美]约翰·托兰《从乞丐到元首》；转引自 CCL 语料库）

（6-91）如果我没搞错，是牛头人造的。（[美]玛格丽特·魏丝、[美]崔西·西克曼《龙枪–夏焰之巨龙》；转引自 CCL 语料库）

（6-92）哈！信封的口盖是用胶水粘的，如果我没有弄错的话，封这封信的人还是一直在嚼烟草的。（[英]阿瑟·柯南道尔《福尔摩斯探案集 08》；转引自 CCL 语料库）

（6-93）在我最后的那篇报告里，我把高潮结束在白瑞摩站在窗前那里，如果我没有估计错的话，现在我已掌握了会使你相当吃惊的材料。（[英]阿瑟·柯南道尔《福尔摩斯探案集 08》；转引自 CCL 语料库）

其中（6-83）—（6-88）来自原创作品，（6-89）—（6-93）来自翻译作品。或者从句格式为“我 VP 的没错”“NP 没有错”等，例如：

（6-94）如果我的理解没错，他的著作动机乃至生存方式都将有一个新的转换，他的续著将更深地介入他自己的生命。（《读书》；

转引自 CCL 语料库）

（6-95）如果我猜的没错，他们穷得跟上岸一星期之后的水手一样。（[美]马格丽特·魏丝、[美]崔西·西克曼《龙枪编年史》；转引自 CCL 语料库）

（6-96）如果我估计的没错，就在那边。（[美]马格丽特·魏丝、[美]崔西·西克曼《龙枪编年史》；转引自 CCL 语料库）

（6-97）如果我的想法没错，伏地魔在闯到你父母家打算杀你的时候，离制作六个魂寄锁的目标，至少还有一个没完成。（[英]J. K. 罗琳《哈利·波特六》；转引自 CCL 语料库）

（6-98）如果我听说的没错，有些老大也要挂了：高塔被攻击，你的几百个同胞被杀光，囚犯逃了出来……（[英]J. R. R. 托尔金《魔戒》；转引自 CCL 语料库）

这种格式多出现在翻译作品中，只有（6-94）来自原创作品。

这类假设从句也可以位于主句后面或者插入主句中间，但多来自翻译作品。例如：

（6-99）我想他一点钟就走啦，如果我没有记错的话。（[美]西奥多·德莱塞《天才》；转引自 CCL 语料库）

（6-100）并用（容许简便计算的）精确的定律来确定这些运动，这，如果我没说错的话，已经超出了全人类知识界的能力范围。（[美]I.伯纳德·科恩《科学中的革命》；转引自 CCL 语料库）

有的假设从句表达的是受话者的意愿、喜好等内容，以"如果你愿意（高兴、乐意、同意、允许等）（的话）"等为主要形式，有的位于主句之前，例如：

（6-101）"关于您的私生活——对不起，歌迷们往往很感兴趣——如果您不介意的话，能否描述一下您心中的'白马王子？'浓重的广东腔又……"（陈建功、赵大年《皇城根》；转引自 CCL 语料库）

（6-102）大帝彬彬有礼地说："如果你允许我问的话，请问你的军衔是什么？"（《读者》；转引自 CCL 语料库）

（6-103）重庆有个学人体解剖学的研究生来信求爱："……如果你同

意的话，我愿终生陪伴着你。”（报刊精选，1994年；转引自CCL语料库）

（6-104）妈妈，如果你不在意，我长大的时候，要做这渡船的船夫。（《读者》；转引自CCL语料库）

（6-105）如果你高兴，我可以分一点活儿给你。（《读者》；转引自CCL语料库）

（6-106）如果你愿意的话，我明天去找你。（[英]威廉·毛姆《人性的枷锁》；转引自CCL语料库）

（6-107）山姆，如果你同意的话，你可以赶去卡顿的农场，他是这边的意见领袖，也是最坚强的家伙。（[英]J. R. R. 托尔金《魔戒》；转引自CCL语料库）

（6-108）如果你允许的话，我要去睡一会儿。（[美]玛格丽特·米切尔《飘》；转引自CCL语料库）

（6-109）如果你不在意，我想看一下晚报。（[英]厄尔·德尔·比格斯《没有钥匙的房间》；转引自CCL语料库）

（6-110）如果你不介意的话，我要说，你这样做是为我自己的许多小小的冒险事业增添光彩。（[英]阿瑟·柯南道尔《福尔摩斯探案集08》；转引自CCL语料库）

（6-111）如果你不反对的话，我想咱们得关上那窗户了。（[英]阿瑟·柯南道尔《福尔摩斯探案集01》；转引自CCL语料库）

或者用“如果我可以这样说（的话）”等形式表达，例如：

（6-112）如果我可以向你进一句忠言的话，警长，那就应当逮捕那个小听差。（[英]阿瑟·柯南道尔《福尔摩斯探案集07》；转引自CCL语料库）

（6-113）我提到他时说道，“我们遇到了一个非常勇敢善战的对手，而且如果我可以撇开战争造成的破坏来说，他是一位伟大的将领。”（[英]温斯顿·丘吉尔《第二次世界大战回忆录（第三卷）》；转引自CCL语料库）

其中（6-101）—（6-105）来自原创作品，（6-106）—（6-113）来自翻译作品。

"如果我可以这样说（的话）"等表达形式也可以位于主句之后，例如：

（6-114）我就因《你好，忧愁》得过一个奖，批评家奖，它使我出了名，如果我可以这样说的话。（网络语料；转引自 CCL 语料库）

（6-115）他还有个情敌——如果可以这样说的话，就是那个瘸子保管员。（张贤亮《绿化树》；转引自 CCL 语料库）

（6-116）你最好去见他一趟，如果你高兴的话。（[美] 西奥多·德莱塞《天才》；转引自 CCL 语料库）

（6-117）等事情过了，你可以回来，如果你乐意的话。（[美] 西奥多·德莱塞《天才》；转引自 CCL 语料库）

（6-118）解释一下，如果你愿意的话。（[英] 厄尔·德尔·比格斯《没有钥匙的房间》；转引自 CCL 语料库）

（6-119）我们找今年六月十六日的一份报，如果你不反对的话。（[英] 厄尔·德尔·比格斯《没有钥匙的房间》；转引自 CCL 语料库）

"如果我可以这样说（的话）"等表达形式也可以插在主句中间。例如：

（6-120）您看问题总是——如果您允许我这样说的话——总是用一种很有意思，很独到的方式。（[英]阿加莎·克里斯蒂《清洁女工之死》；转引自 CCL 语料库）

（6-121）我——我，如果你不介意的话，我现在实在不想要提。（[美]玛格丽特·魏丝、[美]崔西·西克曼《龙枪传奇》；引自 CCL 语料库）

（6-122）此后，叛乱——如果可以这样说的话——便在一阵低一阵的喃喃叫苦声中平息下去了。（[美]约翰· 托兰《从乞丐到元首》；转引自 CCL 语料库）

（6-123）如他所说，它们的确是我们的祖先——但是它们是，如果我可以用这种表达法——和我们同时存在的祖先。（[英]阿瑟·柯南道尔《福尔摩斯探案集 04》；转引自 CCL 语料库）

（6-124）而那些力量较弱的弟兄们，如果我可以这样称呼他们的话，将不容许篡夺或垄断下议院的特权和高贵的权威。（[英]温斯

顿·丘吉尔《第二次世界大战回忆录（第四卷）》；转引自 CCL 语料库）

位置灵活的假设从句删去后不影响句子的命题意义，例如：

（6-125）如果我猜的没错，他们穷得跟上岸一星期之后的水手一样。（[美]玛格丽特·魏丝、[美]崔西·西克曼《龙枪编年史》；转引自 CCL 语料库）

（6-126）如果你愿意的话，我明天去找你。（[英]威廉·毛姆《人性的枷锁》；转引自 CCL 语料库）

（6-125）和（6-126）假设从句删去后可以变换为：

（6-125'）他们穷得跟上岸一星期之后的水手一样。

（6-126'）我明天去找你。

相对于变换式，原式表达比较复杂，不符合语言的经济性原则，同时也违反了会话合作原则中方式准则的第三条次准则“简练或避免啰唆”，说话人之所以选择复杂形式，应该有特殊的语用目的。

这类假设句的主句是说话人表达的意图，从句可以标明主句信息来源，即来源于说话人的认识，具有较强的主观性，意思是如果主句表述内容有误，那是自己错了，这样既可以缓和肯定的口气而使表达更委婉，避免把话说死，也可以给自己留后路，保全说话人的面子。从句还可以是征求受话者的许可，一般用于主句表述的内容对受话人不利或者认为受话人有可能不认同的情景中而有可能威胁到受话人的面子。所以，当自己与对方观点意见不一致时，从句通过征求受话人的同意，可缓解交际矛盾和言语冲突，给予受话人充分的尊重，在说话者和受话者之间搭建一个交流的平台，拉近了双方的距离，采用这种谈话方式无疑体现了说话人对受话人面子的关注，给了受话人主动权和足够的面子，体现了语言的交互主观性。

英国学者 Brown 和 Levinson（1978）提出的“面子理论”区分了受话人的面子和说话人的面子。从句位置灵活的假设句是为了维护受话人的面子或者保全说话人的面子而采取的言语策略。

无论是维护说话人的面子还是听话人的面子，主要是出于礼貌，并且这类假设句一般用于对话中，例如：

（6-127）“如果我没记错的话，您丈夫的汽车号码是 3212 吧？”（《读者》；转引自 CCL 语料库）

（6-128）大个子点点头，沉默了一下，在思索点什么，忽然抬起头说：“如果你不介意，那里停着我的车，我开车把你送过去，送到地铁站罢。”（唐挚《夜惊》；转引自 CCL 语料库）

（6-129）茂才手一摆，镇定道：“东家，如果我没猜错，从接管乔家家事的第一天，你想做的就是今天这件事。”（电视电影《乔家大院》；转引自 CCL 语料库）

（6-130）星子说：“你好。如果我没猜错，你是姓沈，叫大有可为的可为。”（方方《桃花灿烂》；转引自 CCL 语料库）

（6-131）阿春：“如果我没猜错的话，你是在等着她来求你，对吗？对吗？”（电视电影《北京人在纽约》；转引自 CCL 语料库）

（6-132）钟离秋：“如果我没猜错的话，那个女护卫就是我姐姐……”（电视电影《孙子兵法与三十六计》；转引自 CCL 语料库）

（6-133）大卫：“是，我想跟他谈一谈。当然如果你允许的话。”（电视电影《北京人在纽约》；转引自 CCL 语料库）

（6-134）“我们的会面，”波洛说，“如果我可以这么说的话，是毫无建树。”（[英]阿加莎·克里斯蒂《清洁女工之死》；转引自 CCL 语料库）

其中（6-127）—（6-132）从句位于主句之前，（6-133）从句位于主句之后，（6-134）从句插入主句中间。并且其中每一类一般都可以变换为另外两类，不受语篇的限制。如（6-127）可以变换为：

（6-127'）您丈夫的汽车号码是 3212 吧？如果我没记错的话。

（6-127"）您丈夫的汽车号码，如果我没记错的话，是 3212 吧？

从句法形式上看，从句后置假设句的句末往往带假设助词“的话”，从句中的前置假设标记一般位于句首，几乎不见位于谓头的用例。

从句法位置上看，这类假设从句位置灵活，类似于插入语，属于可以后置类，删去也不影响句子的命题意义，出现是为了使表达更礼貌，已经语用化为表示礼貌的话语标记。

6.3.3 语言接触与从句后置的假设句

关于从句后置假设句的出现，学界多认为跟语言接触有关，是一种欧化语法。笔者的考察也支持这种看法，从句后置的假设句在翻译作品中出现的频率远远超过汉语原创作品，从句位置灵活的假设句在原创作品中以前置为主，而翻译作品中后置和插入主句中间的相对较多。还有一些从句后置假设句只见于翻译作品，例如：

（6-135）“可是穿在你身上就显得特别漂亮，如果你懂得我的意思的话”，麦基太太紧跟着说。（[美]F. S. 菲茨杰拉德《了不起的盖茨比》；转引自 CCL 语料库）

（6-136）我现在终于可以说出口，但是那尖叫声实在让我觉得心神不宁。而且那听起来实在不像是门会发出的声音，如果你知道我的意思。（[美]玛格丽特·魏丝、[美]崔西·西克曼《龙枪传奇》；转引自 CCL 语料库）

（6-137）我们这一带对于任何不寻常的事情都很小心哪。我们都是老实人，如果你了解我的意思，不可能随随便便就习惯这种怪事。（[英]J. R. R. 托尔金《魔戒》；转引自 CCL 语料库）

（6-138）塔尼奥斯医生曾说过，他怕她不太——不太……，如果您能了解我的意思是什么。（[英]阿加莎·克里斯蒂《沉默的证人》；转引自 CCL 语料库）

（6-139）从这个观点看来，我们生活的世界是极其复杂的。我几乎想说，它是无限复杂的，如果这种说法有意义的话。（[英]卡尔·波普尔《猜想与反驳》；转引自 CCL 语料库）

（6-140）我知道你的那些袋子中一定有些东西可以驱除佛林特的寒意，如果你明白我的意思。（[美]玛格丽特·魏丝、[美]崔西·西克曼《龙枪编年史》；转引自 CCL 语料库）

（6-141）“我和我小舅子的关系可没有好到让我胆敢不去参加索拉斯特兰的丧礼。”他自嘲地说，不管是政治面还是交情面都一样，如果你明白的话。（[美]玛格丽特·魏丝、[美]崔西·西克曼《龙枪传奇》；转引自 CCL 语料库）

从句一般是“你知道（懂得、了解、明白）我的意思”，说话人用来提醒受话人正确理解自己的意思，其实说话人把要说的话按照语言的规则说出来就行了，解读是受话人的事，所以，从句也不是必须出现的，去掉后不影响句子的命题意义。

根据贺阳（2008：270-273）对《水浒全传》《西游记》《红楼梦》《儿女英雄传》《老残游记》等 5 部旧白话作品的考察，对汉语假设句而言，从句前置是一条约束力很强、几乎没有什么例外的语序规则。

姚双云（2011）对自制的平衡语料库“现代汉语语料库”中“如果”句进行了统计，发现 579 个“如果”句，只有 1 例从句位于主句之后，所占比例仅为 0.17%。笔者对北京大学中国语言学研究中心 CCL 语料库中王朔作品中的“如果”句进行了穷尽搜索，共得到 342 个例句，经过统计发现，从句位于主句之后的有 18 例，约占 5.3%。尽管现代汉语中从句后置假设句的使用频率依然很低，但实现了由无到有的突破。而姚双云（2011）对 Brown 语料库中的 if 句进行了穷尽考察，发现从句后置于主句的条件句高达 31.7%，所以，与汉语相比，英语假设句后置倾向比较明显。

综上所述，现代汉语中从句后置假设句的出现恐怕跟近代以来汉语和英语等语言的接触不无关系。

6.4 小　结

汉语假设句的从句位于主句之前为优势语序，这种用法具有跨语言的普遍性。就汉语来说，假设句优势语序的形成主要跟篇章衔接有关。从句后置假设句有两种情况：一是必须后置，或者满足于篇章衔接的需要，或者说明限制主句的需要；二是可以后置，也可以前置或者插入，并且跟篇章衔接无关。其中说明限制主句的从句和可以后置的从句删去不影响句子的命题意义，从句不是必须出现的，之所以出现跟追求表达的严谨、礼貌等语用功能有关。总之，篇章衔接是制约假设句语序的关键因素，从句后置作为一种有标记的语序，其出现还跟语用功能有关。另外，汉语假设从句后置可能还跟语言接触有关，是受英语等印欧语系语言影响的结果。

第7章

汉语假设标记与“联系项居中原则”

7.1 引　　言

近年来，越来越多的学者开始从跨语言比较的角度考察汉语复句关联标记，周刚（2002）从类型学角度对汉、英、日语关联连词的语序作了一些比较；曹逢甫（2005）运用主题提升规则对从句中可以自由出现在主语前和主语后的关联标记做出了解释；徐杰和李莹（2010）从中心语 I 的参数差异的角度解释了汉英从句关联标记差异的原因等。

根据位置的不同，假设标记可分为前置标记（位于句首和谓头）和后置标记（位于句尾）。这种位置的差异与不同语言的动宾语序类型是和谐的，VO 型语言倾向于使用前置标记，如英语：

（7-1）<u>If</u> I were you, (then) I would not buy that shirt.

OV 型语言倾向于使用后置标记，如日语（例句引自徐杰、李莹，2010：106）：

（7-2）Tanaka-ga　kuru　<u>nara</u>,　watashi- wa　ika-nai.
田中　主格格助词　来　假如　我　话题标记　去　不
“田中假如来的话，我就不去。”

但汉语假设标记既可以前置，也可以后置。例如：

（7-3）<u>如果</u>你不来，我就不去。
（7-4）你<u>如果</u>不来，我就不去。
（7-5）你不来<u>的话</u>，我就不去。

那么作为 VO 型语言的汉语使用与其语序类型不和谐的后置标记，除了反映了汉语在中心语参数上的摇摆不定，还跟“联系项居中原则”有关系。

7.2　“联系项居中原则”与假设标记的优先位置

“联系项居中原则”是由 Dik 提出的，他认为连词、介词、格标记、各种从属小句引导词（subordinators，包括关系代词等）、修饰语标记（包括形容词标记，如英语 traditional 中的 al；副词标记，如英语 slowly 中的 ly；领属标记，如英语 John's room 中的's）等都是“联系项”大家族的成员，其共同作用是将两个由并列或从属关系的成分连结成一个更大的单位，并且标明两个成分之间的关系。Dik 为“联系项”专门提出了一条含两个子条的语序原则，即“联系项居中原则”，其内容为：联系项的优先位置为：①在两个被联系项成分之间；②如果联系项位于某个被联系成分上，那么它会在该被联系成分的边缘位置。（刘丹青，2004：69）

刘丹青（2004：69）指出，Dik 提出的“联系项居中原则”不是绝对共性，而是倾向共性，不过这条原则有着很强的经验基础、预测能力和理论能力。正如 Dik 自己所指出的，“联系项居中原则”具有很强的预测力，它覆盖的结构很多，其预测力至少在很强的统计意义上是正确的。如丁志丛（2008）指出现代汉语有标转折复句的关联标记模式可以分为“居中粘结式”“前后配套式”和“居端依赖式”三种类型。三种不同标记模式的有标转折复句在现代汉语语料中的分布有很大的差别，“居中粘结式”居于主体地位，是最典型的转折复句，“居端依赖式”的使用频率最低，在实际语料中没有发现出现在后分句句尾的单标式有标转折复句。储泽祥和陶伏平（2008）指出各种语言因果复句关联标记模式有两个明显的共性：一是总有一个关联标记位于因句与果句之间；二是排斥只有居端依赖式因果标记的语言。刘丹青（2002）认为汉语后置词产生的动因就是为了满足“联系项居中原则”，由于汉语前置词短语由动词后为主变为动词前为主，使汉语前置词不再位于被联系项的中间位置，背离了“联系项居中原则”，而后置词的出现恰好可以满足这一句法需求。范丽君（2015）研究发现，藏缅语族诸语言假设标记以后置为主，符合“联系项居中原则”，也与 OV 语序相和谐。

假设句的联系项就是假设句的关联标记。笔者把“关联标记”“假设从句/假设主句”代入 Dik 的“联系项居中原则”就可以得到“假设句关联标记居中原则”，即假设句关联标记的优先位置为：①在从句与主句之间；②如果关联标记位于假设从句（或主句）之上，则它会在假设从句（或主句）的边缘位置（前端或末端）。

7.3 优势语序中假设标记的位置与“联系项居中原则”

7.3.1 OV型语言假设标记的位置与“联系项居中原则”

OV型语言倾向于用后置标记，即假设标记倾向于位于从句的末尾。在优势语序中就形成了“假设从句+后置标记+主句”的假设句构成形式。假设标记（联系项）位于两个分句（两个被联系项）之间，同时也位于从句的末尾，即其中一个联系项的边缘，这符合联系项居中原则。

Greenberg（1984）认为，表示条件的结构中条件从句置于主句之前是所有语言的常规语序，这对抽样的30种语言都适合。在严格的SOV型语言中，条件从句从不后置。OV型语言大部分使用后置假设标记，例如：

（1）景颇语（例句引自戴庆厦、徐悉艰，1992：248-250）

（7-6）hkrang¹hpro¹ go¹ nau¹ sha¹du ja¹hkut¹ kau² jang
白菜 (结助)太 煮 使煮（助动）的话
n mu ai.
好吃（句尾）
“白菜煮得太过头的话，就不好吃了。”

（7-7）Nang n² sha² ma jang go¹ ngam¹ ton¹ da² u① ！
你 不 吃 完 的话（结助）剩 （助动）（助动）（句尾）
“你吃不完的话，就剩下吧！”

（7-8）Nang ga¹ra¹ ra① yang¹ ga¹ra¹ ya na n¹ngai。
你 哪个 要 的话 哪个 给 要 （句尾）
“你要哪个的话，就给你哪个。”

（2）羌语（例句引自黄布凡、周发成，2005：216；孙宏开，2009：379）

（7-9）ʔũ kə staq mo-ɭu tu ʁa , qa ka:(<kə+a).
你 去 心上 不来 如果，我 去（将行）

“你不想来的话，我去。”

（7-10）qa zdæ：（<zde+æ：）　ɕi，　ʔũ-tɕ　tiænχua
我有空（将行）　如果 你（受事）　电话（趋向）
zə-ʁuaj-jy-æ
叫（情体）（将行）
“如果有时间，我就会给你打电话。”

（7-11）qupu　juwe[1]　mo-su-tɕ ʁa，　qafiĩ　ha-ʁə̥-la.
他　路　不引 如果　我自己　（趋向）上去（自荐）
“如果他不带路，我就自己去。”

（7-12）zu^{31} ko^{51}　$tə^{31}$　$pə^{33}$　$mə^{33}$　$χgy^{33}$ tə $χɳa^{51}$ i^{31} ko^{33}，$tsuə^{33}$ ko^{33} $nə^{33}$
如果　明　天　天气　个　晴　连词 水（助词）就
si^{51}　$tsuə^{51}$　pu^{33}　$kəu^{51}$ i^{31} $dɑ^{31}$
洗　澡　去　（语气词）
“如果明天天气晴的话，就要到河里洗澡去。”

（3）藏语（例句引自谢晓安、华侃、张淑敏，1996：278）

（7-13）ɕa wa tə hde　əɕ'i　s'oŋ na：，ɳan nə ma ret.
事情那 别人　知道　了 如果　成　不 是
“那件事如果别人知道了，就不得了。”

（4）哈尼语（例句引自马学良，2003：457）

（7-14）$ɔ^{31}ze^{55}$ ma^{31} ze^{55} $thɔ^{31}ŋɔ^{31}$，$ŋa^{55}xa^{55}me^{55}li^{31}ʅi^{33}$
雨　不　下　的话，我　一定　也去
“不下雨的话，我一定也去。”

（5）日语（例句引自徐杰、李莹，2010：106）

（7-15）Tanaka-ga　kuru　nara,　watashi- wa　ika-nai.
田中 主格格助词　来　假如　我　话题标记　去　不
“田中假如来的话，我就不去。”

（6）鄂温克语（例句引自朝克，1986：61；朝克，1995：183）

（7-16）Tarini bʊuseniŋ nisubuŋ jaariŋ bi gadamᴇ.
他的 给 小的（假如）我 要
“假如他给我一点小礼物我也要。”

（7-17）bəj ʃiniwʉ niŋisə ʤaarinŋ ʃi bəjwʉ əʤi niŋirə.
人 你 骂 （如果）你 人 别 骂
“如果人家骂你，你也不要骂人。”

（7）毕苏语（例句引自徐世璇，1998：130）

（7-18）zeaŋ^{33} liu^{35} va^{31}， ga^{33} mɯ^{55} kha^{55} ga^{33} ne^{33} le^{33}
他 过去 的话， 我 也 一定 （助）去
“他去的话我也一定去。”

（8）满语（例句引自赵杰，1989：153-154）

（7-19）ji tɕim pɑ，pi tɕiu kənəmi.
他 来 假如 我 就 去
“假如他来，我就去。”

（9）义都语（例句引自江荻，2005：179）

（7-20）ka^{31} raŋ^{55} daŋ^{55} na^{31} poŋ^{55} i ŋi^{55} ŋu^{35} ka^{55} ba^{53} dʑi^{53}
天 晴 假如 我们 你 家 去
“如果天晴我们就去你的家。”

（10）阿侬语（例句引自孙宏开、刘光坤，2005：130）

（7-21）ŋa^{31} mɯɳ^{31} so^{53} o^{55} la^{55}ʐɿ^{31}ŋa^{31}，a^{31}io^{31} kha^{31} sɿn^{53} ʑɯŋ^{55}
你 不 懂（人称后缀） 的话， 我（受助）问 可以
“你不懂的话可以问我。”

（11）浪速语（例句引自戴庆厦，2005：114）

（7-22）lam^{55} phuk^{55} ʧɔ̃^{55}，ʃau^{31} ʃau^{31} vai^{31} a^{ʔ31}
太 贵 的话，少 少 买（助）

“太贵的话，少买点！”

（7-23）kauŋ^{31} tau^{35}　mə̆^{31}　ŋɔn^{35}　ʧɔ̃^{55}，　tə̆^{31}　li^{55}！
身体　不　舒　的话　别　来
“身体不舒服的话就别来！”

（12）独龙语（例句引自孙宏开，1982：184）

（7-24）nɑ̆i^{53} mɑ̆n^{55} sɔ^{55} bɑ̆i^{53}, lɔ^{55} sɯ^{53} le^{31} kɹi^{55} dɑŋ^{53}　nɯ^{31}　e^{53}.
你（前加）懂 连词 老 师 助词 问 可以（前加）是
“你不懂的话，可以问老师。”

（13）波拉语（例句引自戴庆厦等，2007：150）

（7-25）mau^{31} a^{3155} tam^{31} ɣɔ^{55}　ʒɛ^{31}，xə^{31} va^{51} a^{31} kjau^{ʔ55} ʃʅ^{31} pjɛ^{ʔ55} nə^{31} vɛ^{55}.
天　不 再 下雨 的话，庄 稼（助）干　死　掉　（助）
“再不下雨的话，庄稼就要干死了。”

（14）彝语（例句引自陈康、巫达，1998：212）

（7-26）^{4}ma^{33} ha^{33}　a^{31}　ʥi^{31}　ko^{33} nɯ^{33}，ŋa^{33} a^{21} nʐʅ^{33} mu^{33} bo^{33}
雨　不　下　的话　我　一定　去
“假如不下雨的话，我一定去。”

有些语言动词的假定式或条件式也可以表假设，附加成分一般附着在动词后面，例如：

（1）康家语（例句引自斯钦朝克图，1999：157-158）

（7-27）bi hɔrla-sa　ʉrʉ ajina.
我生气的话　他　怕
“我生气的话，他就害怕。”

（2）鄂温克语（例句引自朝克，1995：94-95）

（7-28）axiŋbi　sisə　ʉlixəŋ-kkini　bi　təgəme。
哥哥　汽车　开　的话　我　坐
“如果我哥哥开车的话，我就坐车。”

（7-29）bʉ　adʒil　oono-kkimuŋ　oodoŋ　gi?
　　　　我们 劳动　去　如果　行　吗
　　　　“如果我们去参加劳动会怎么样呢？”

（7-30）sʉ　ʉnʉgʉŋbʉl　saga-kkisuŋ　bi　naaŋ　sagame。
　　　　你们　乳牛　挤　如果　我　也　挤
　　　　“如果你们去挤奶的话，我也去挤奶。”

有些少数民族语言属于 SOV 型语言，却有与 OV 语序不和谐的前置假设标记，但多同时使用后置假设标记，构成框式连词，并且前置假设标记一般是借自汉语的，多可省略，后置假设标记是本民族语言的，要求强制出现。例如，白语中的“jõ^{44}suɑ^{44}... tsi^{55}”、梁河阿昌语中的“ʑɑu^{33}ʂɿ^{33}...kun^{35}”、彝语中的“a^{21}di^{33}di^{34}...i^{44}nɯ^{33}”、景颇语中的“la^{33}ma^{33}wa^{33}...jaŋ^{33}”、羌语姚坪话中的“tɕa^{55}ʐu^{31}...ko^{33}”、勒期语中的“ʦa^{33}...ʧaŋ^{55}”、载瓦语中的“taŋ^{31}kə^{55}...ʧaŋ^{55}”等，优势语序中，假设从句位于主句之前，其中的后置假设标记仍然能够满足“联系项居中原则”的要求。

7.3.2　汉语主句假设标记的位置与“联系项居中原则”

VO 型语言假设从句一般用前置标记，假设标记（联系项）位于从句（一个被联系项）的边缘；但优势语序中，假设标记又位于整个复句的前端。如果仅从假设从句的标记看，联系项并没有居中。

虽然汉语属于 VO 型语言，但还有一些使其满足“联系项居中原则”的要求的补救手段。优势语序中，主句句首假设标记正好位于复句的两个分句之间，是满足“联系项居中原则”的手段之一。周刚（2002：18）指出：汉语假设条件连词不能单个使用，必须有后续连词或后续的关联副词接应才行。但这类假设标记并不具有跨语言的普遍性，除了汉语之外，常见的有英语的“then”、俄语的“To”、德语的“so”等。汉语假设句的后续连词主要有位于主句句首的“那、那么、那末”：

（7-31）如果当真如此，那还有什么中国哲学。（冯友兰《中国哲学简史》；转引自 CCL 语料库）

（7-32）如果研究哲学就是为了掌握这个绝对真理，那我们不都成了神、成了上帝？（中文学术文献语料；转引自 CCL 语料库）

（7-33）如果说意识形态是一道墙，那么墙上一定要有可以互相来往的门，有可以透气的窗。（刘长乐《传媒大亨与佛教宗师的对话：包容的智慧》；转引自 CCL 语料库）

（7-34）如果传统价值观要跨代得以传递，那么它必须含有真理的成分。（中文学术文献语料；转引自 CCL 语料库）

（7-35）如果真理最后被证明是在少数方面，那末，保护少数的这种权利，也可以使党更容易地认识真理。（《邓小平文选 1》；转引自 CCL 语料库）

（7-36）如果我们采取单纯削减渔船的办法，那末我作为市水产局负责人，我得考虑全市 10 万渔业人口的吃饭问题。（报刊精选，1994 年；转引自 CCL 语料库）

后续副词指位于谓头的假设标记，如汉语的"就、便、则"等：

（7-37）如果把成人教育也考虑在内，受学校教育的时间就更长了。（中文学术文献语料；转引自 CCL 语料库）

（7-38）如果人们做出某种行为后导致了惩罚，人们就倾向于回避这种行为。（中文学术文献语料；转引自 CCL 语料库）

（7-39）如果假说得到了证实，这个假说的可信度便提高了。（中文学术文献语料；转引自 CCL 语料库）

（7-40）如果他是符号互动者，他便专注人们如何理解别人。（中文学术文献语料；转引自 CCL 语料库）

（7-41）如果说骄傲是前进到了极限的标志，谦虚则相反，是极限远远没有达到的标志。（冯友兰《中国哲学简史》；转引自 CCL 语料库）

（7-42）如果需要更多资金来扩展事业，资本家则会向他人借贷资金，并以信用保证会偿还本金和利息。（中文学术文献语料；转引自 CCL 语料库）

因为有主句主语的阻隔，谓头假设标记的居中程度稍弱一些，但当主句的主语省略时，主句的谓头和句首在线性位置上是重合的，谓头位置的假设标记恰好位于两个联系项中间。例如：

（7-43）如果课业负担过重，就有可能造成疲劳过度、失眠或神经衰

弱，影响整个身体的发育成长。（中文学术文献语料；转引自CCL语料库）

（7-44）如果因循守旧、抱残守缺，就不可能在时代的潮流中有所发展和建树。（中文学术文献语料；转引自CCL语料库）

（7-45）如果你有一定的语言学的功底，便可以更快、更容易地了解音韵学。（中文学术文献语料；转引自CCL语料库）

（7-46）如果官方汇率仍保持不变，便是本国货币汇率高估，或本国货币价值应下调而没有下调。（中文学术文献语料；转引自CCL语料库）

（7-47）如果政府无法满足公众的期待，则容易造成公信力的削弱。（中文学术文献语料；转引自CCL语料库）

（7-48）如果对脚下湍急的河水过多地注视，则会觉得桥逆水流而动而河水却不动，这都是运动错觉。（中文学术文献语料；转引自CCL语料库）

有的假设句是指代性假设标记“那、那么、那末”等与关联副词的连用。谢晓明（2010）分析了假设句的从句中关系词语的连用情况，并指出“连用是指同类关系词语在同一分句同一层次同时出现的情况”。其实，汉语主句假设标记也有连用现象，我们以主句假设标记出现频率最高的“如果说”假设句和使用频率最高的“如果”假设句为考察对象，考察了主句假设标记的连用情况，发现两类假设句的主句假设标记连用类型和连用频率均有较大差异，如表7-1所示。

表7-1　汉语主句假设标记连用情况

假设句类型及其总频次		主句标记连用类型及其频次、频率					
类型	总频次	“那么（含那末）”与“就、便、则”连用		“那”与“就、便、则”连用		合计	
		频次	频率（%）	频次	频率（%）	频次	频率（%）
“如果”假设句	234	14	6.0	19	8.1	33	14.1
“如果说”假设句	203	87	42.9	4	2.0	91	44.8

主句标记的连用主要是指代性假设标记和承接性假设标记的连用，均是两项连用，可分为“那么（含那末）”与“就、便、则”连用和“那”与“就、便、则”连用两种类型。“如果”类假设句的主句出现假设标记连用

的频率为 14.1%，两类连用类型出现频率差不多；“如果说”类假设句的主句出现假设标记连用的频率为 44.8%，倾向于选择“那么（含那末）”与“就、便、则”连用。语料显示，“那”与“就、便、则”连用中多是“那”与“就”连用，并且以不间隔连用为主，由于位置邻近，加上高频使用，有词汇化的倾向。“那就”位于主句的句首，主句的主语一般省略，例如：

（7-49）如果事事表意，那就得一事一个字，造不胜造，给记忆造成极大的负担。（中文学术文献语料；转引自 CCL 语料库）

（7-50）理性如果对这些问题也妄图解决，那就属于理性的越位。（中文学术文献语料；转引自 CCL 语料库）

（7-51）如果英国趁机派使来贺寿，那就能得着一个交涉和促进中英友谊的机会。（中文学术文献语料；转引自 CCL 语料库）

上述例句中的“那就”也可以只用“那”或者“就”，但使用“那就”关联度更强，读起来更自然顺畅，因为两个音节是汉语的自然音步、一个韵律单位。

“那么”或者“那末”与“就、便、则”连用多是间隔连用，与“就”和“则”连用频率较高。例如：

（7-52）如果说商品的使用价值对买者比对卖者更有用，那末商品的货币形式对卖者比对买者就更有用。（马克思《资本论》；转引自 CCL 语料库）

（7-53）如果说语言是表达思想的唯一的工具，那么“言不尽意”的现象就不可能发生。（中文学术文献语料；转引自 CCL 语料库）

（7-54）如果说形态是词的变化形式方面的聚合，那么语法范畴就是由词的变化形式所表示的意义方面的聚合。（中文学术文献语料；转引自 CCL 语料库）

（7-55）如果说元理论的探讨主要依赖于抽象思辨的方法，那么实体理论的探讨则更多地依赖逻辑推理和数学演绎的方法。（中文学术文献语料；转引自 CCL 语料库）

（7-56）如果说需要是个性倾向性的基础，那么价值观则处于个性倾向性的最高层次。（中文学术文献语料；转引自 CCL 语料库）

（7-57）如果说美学侧重于思辨意义上的学术研究，那末，美育则带

有更大程度的实践操作性。(《人民日报》1996年；转引自CCL语料库）

（7-58）如果说艺术和科学代表着两个极端，那末哲学则是介乎于艺术和科学之间的一种精神活动。(《读书》；转引自CCL语料库）

上述连用形式不仅加强了从句和主句之间的关联，还使汉语的假设标记更加符合“联系项居中原则”的要求。

有些少数民族语言受汉语影响，也有在主句谓头使用假设标记的情况，其中有的是SVO型语言，例如：

（1）黎语（例句引自苑中树，1994：104-107）

（7-59）la：i^{3} na' ta' pw：n'，hou' kom^{3} hei' lo'.
如果 他 不 来，我 就 去 了
“如果他不来，我就不去。”

（7-60）la：i^{3} mew' ta' ɳat^{7} ʔde^{3}，ʔde^{3} kom^{3} ta' hei'.
如果 你 不 摧 我，我 就 不 去
“如果你不摧我，我就不去。”

（2）仡佬语（例句引自张济民，1993：166）

（7-61）ʑau^{13} sɿ^{13} su33u^{42} an^{33} kɛ^{33} ə^{42}，su^{33}i^{42} tɯ^{13} vu^{42}ə^{42}.
要 是 他 在 家 不，我 就 去不
“要是他不在家，我就不去。”

（7-62）zu^{21} ko^{33} thɯ^{33} mei^{33} zau^{55} su^{33} ə^{42}，su^{33} sa^{33} tɯ^{13} thin^{55} mpə^{21} tshɛ^{13}.
如果 下 雨 龙 大 不，你 们 就 点 粮 包谷
“如果不下大雨，你们就点种包谷。”

（3）克蔑语（例句引自陈国庆，2005：137）

（7-63）pɔ^{31} me^{ʔ53} ma^{31}ɳaŋ^{35}，ɔ^{ʔ53} kɔ ti^{ʔ53} ɳaŋ^{35}.
如果你 不 去，我 就将 去
“如果你不去，我就要去。”

（4）布庚语（例句引自李云兵，2005：223）

（7-64）ʑu^{31} ko^{31} ti^{31}hɛ^{44} kha^{55} a^{44} o^{31} tɕou^{24} mɯ^{55} no^{13} ma^{24}.
如 果 明天 雨 下 我 就 不 来 了
“如果明天下雨，我就不来了。”

（5）布兴语（例句引自高永奇，2004：105-106）

（7-65）kam pi ŋa ba ʔɣm，ʔiʔ ko ʔuit.
如果 他 不 来，我们 就 回
“如果他不来，我们就回去。”

（6）炯奈语（例句引自毛宗武、李云兵，2002：62-63）

（7-66）ʃei^{22} ko^{53} naŋ^{31} ŋ̥aŋ^{44} pja^{53} maŋ^{33} ʧɔu^{35} xu^{35} naŋ^{31} lɔu^{31}.
如 果 他 在 家 你 就 叫 他 来
“如果他在家，你就叫他来。”

（7）村语（例句引自欧阳觉亚，1998：126）

（7-67）zi^{5}kuə^{5} bai^{4}hau^{5} la^{5}fən^{1}， kə^{5} tθiu^{3} vɛn^{3} bən^{4}.
如果 明天 下雨 我 就 不 来
“如果明天下雨，我就不来。”

有的是 SOV 型语言，例如：

（1）梁河阿昌语（例句引自余成林，2013：36-41）

（7-68）Nɑŋ^{33} khɑ$^{55/33}$ nai^{33} m^{31} laʔ$^{55/31}$ ɛi^{ʔ55}hua^{35}, ŋɑ^{33} tɕu^{55} n^{31} kɑu$^{33/31}$
你 今天 不 来 的话，我就 不 高兴
xɑ^{ʔ55}.
啊
“你今天不来的话，我就不高兴了啊。”

（7-69）ʐɑu^{33}ʂʅ^{33} tuŋ^{31} tɕɛ̃^{33} m^{31}pa$^{33/35}$, tɕu^{55} ta^{31} u^{33} la^{ʔ55}.
要是 钱 没有 就 别 买 来
“要是没有钱，就别买。”

（2）土家语（例句引自范丽君，2015：72）

（7-70）ŋa^{33}thõ^{33}tɕhɛ^{33}ɕe^{3335}ti^{33}xua^{35}, ŋa^{33}tɕu^{35}ȵi^{33}o^{54}tho^{54}lie^{33}xu^{33}.

我 钱 有 的话 我 就 你 (助) 还 将要

“如果我有了钱，我就还你。”

（7-71）tɕa^{55}sɿ^{33}mɯe^{35}tsə^{33}lu^{33},ŋa^{33}tɕu^{35}sõ^{55}kho^{33}tha^{33}.

假使 下雨 了 我 就 回去 不

“如果下雨了，我就不回去。”

（3）土家语（例句引自余成林，2013：37）

（7-72）zu^{33}ko^{54}ȵi^{33}la^{54}ɣə$^{33/35}$lo^{54}xo^{33}lu^{33}，ȵi^{33} tɕu^{54}ʑi^{33}kã^{54} xɯ^{54}.

如果 你 路 走 累 了，你 就 一会儿 休息

“如果你走累了，你就休息一会儿。”

（4）羌语姚坪话（例句引自孙宏开，2009：379）

（7-73）ʐu^{31}ko^{51} tə^{31}pə^{33} mə^{33} xɡy^{33} tə^{31}xȵa^{51}i^{31} ko^{33}，tsuə^{33}ko^{33}nə^{33}

如果 明天 天气 个 晴 的话， 水 (助) 就

si^{51}tsau^{51}pu^{33} kəu^{51}i^{31}da^{31}.

洗操 去 (语气)

“如果明天天气晴的话，就要到河里去洗澡。”

（5）毕苏语（例句引自余成林，2013：38）

（7-74）thi^{55}ne^{33}va^{31} ʑoŋ^{33} ba^{31} ko^{55}, ʑoŋ^{33} kha^{31}toŋ^{33} na^{33} la^{55} ʑau^{33} ʑu^{55} ʑa^{33}.

如果 他们 不 够，他们 自己 (助) 来 就 拿 (助)

“如果他们不够，就让他们自己来拿吧。”

从跨语言的角度来看，无论是SVO型语言还是SOV型语言，主句标记并不具有普遍性，汉语及受汉语影响的少数民族语言中的主句假设标记更符合“联系项居中原则”的要求。

7.3.3 汉语后置假设标记与“联系项居中原则”

汉语假设句满足“联系项居中原则”要求的句法手段还不止主句假设标

记，假设从句的句尾假设标记虽然与 VO 型语言的语序类型不和谐，但却是满足“联系项居中原则”要求的重要句法手段之一。汉语的“的话、时、的时候、者、後、么、吧”等在优势语序中，正好位于两个小句的中间，符合“联系项居中原则”要求。姚双云（2008a：135-137）以“《人民日报》语料样本”为统计对象，统计了单个关系标记的使用频率，结果显示，假设标记中使用频次最高的是“如果”，其次是现代汉语普通话中最常用的后置假设标记“的话”。谢晓明（2010）在研究假设复句关系词语连用时发现“X（假设关系词语）+的话”这类连用形式是假设类关联词语的主要连用形式。这样，在优势语序中，即使主句没有前置假设标记，高频使用的“的话”类后置标记仍能满足“联系项居中原则”的要求。

即使在主句位于假设从句之前的劣势语序中，汉语假设句的联系项居中倾向仍然十分明显。以假设从句的前置标记为例，优势语序中汉语前置型假设标记既可以位于句首，也可以位于谓头，位置相对灵活。例如：

（7-75）a. 如果你同意，我们明天一早就出发。
b. 你如果同意，我们明天一早就出发。

但在劣势语序，即“主句+假设从句”中，假设从句的前置假设标记却一律位于从句句首，形成“主句+假设标记+假设从句”的形式，我们从王朔的作品中搜集到的 18 个劣势语序的“如果”假设句都是如此。例如：

（7-76）为什么不找一个呢？如果你真像你说的那么优秀。（王朔《刘慧芳》；转引自 CCL 语料库）

（7-77）什么条件？如果我帮你。（王朔《人莫予毒》；转引自 CCL 语料库）

上述例句中的假设标记“如果”正好位于假设复句的两个小句中间，联系项的居中程度比位于假设从句的谓头要高，（7-76）和（7-77）似乎也可以变换为：

（7-76'）为什么不找一个呢？你如果真像你说的那么优秀。

（7-77'）什么条件？我如果帮你。

但变换后，“如果”作为两个分句联系项的居中程度要弱些。假设从句前置标记在优势语序和劣势语序的不同表现显然是受到了“联系项居中原则”的影响。劣势语序中从句的前置假设标记不能省略，即便从句有后置假设标记“的话”等。例如：

*（7-76”）为什么不找一个呢？你真像你说的那么优秀。

*（7-77”）什么条件？我帮你。

同样地，劣势语序中，主句的前置标记一定不能出现，例如：

*（7-78）那还有什么中国哲学，如果当真如此。

*（7-79）那我们不都成了神、成了上帝？如果研究哲学就是为了掌握这个绝对真理。

*（7-80）那么墙上一定要有可以互相来往的门，有可以透气的窗，如果说意识形态是一道墙。

*（7-81）那么它必须含有真理的成分，如果传统价值观要跨代得以传递。

*（7-82）那末，保护少数的这种权利，也可以使党更容易地认识真理，如果真理最后被证明是在少数方面。

*（7-83）那末我作为市水产局负责人，我得考虑全市 10 万渔业人口的吃饭问题，如果我们采取单纯削减渔船的办法。

*（7-84）就有可能造成疲劳过度、失眠或神经衰弱，影响整个身体的发育成长，如果课业负担过重。

*（7-85）就不可能在时代的潮流中有所发展和建树，如果因循守旧、抱残守缺。

*（7-86）便可以更快，更容易的了解音韵学，如果你有一定的语言学的功底。

*（7-87）便是本国货币汇率高估，或本国货币价值应下调而没有下调，如果官方汇率仍保持不变。

*（7-88）则容易造成公信力的削弱，如果政府无法满足公众的期待。

*（7-89）则会觉得桥逆水流而动而河水却不动，这都是运动错觉，如果对脚下湍急的河水过多的注视。

上述假设句不合法的原因可能跟假设标记“那”“那么”“就”“便”“则”的来源有关系。根据刘丹青（2007：108），“那么”是由“指示词+话题标记”构成的条件性话题小句凝固而成的，“那”是代句指示词，回指上文提到的一种情况。经重新分析后可以变成加在后面的承接/结果类分句的标记。当假设从句后置时，指示词“那”就会因为找不到指示的对象而语义不通。“就”“便”和“则”都是时间特征很强的标记，连接两个动词性成分时，表示两件事紧接着发生。它们常常用在复句中，表示承接上文，得出结论。（吕叔湘，1981：280-283），也就是说，它们都是由时间副词扩展为承接副词，作为假设复句的关联标记就是其承接副词的一种用法。假设从句后置于主句就会导致“就”“便”“则”因前面没有承接对象而语义不通。另外，上述主句中的标记不仅可以用在假设句中，还可以用在条件、因果等复句中，假设复句的逻辑语义主要由假设从句的标记承载。所以，从表达假设的语义上看，它们也不是必要的。优势语序中，它们的出现主要是为了满足“联系项居中原则”；劣势语序中，假设从句的前置标记正好可以满足“联系项居中原则”，而主句的前置标记无论是从语义上还是从形式上看，都没有出现的必要。

张炼强（1992a）列举的假设从句不可后置的条件中有一条是关联词语使用条件的限制，具体包括“当复句使用‘如果……那么’‘如果……那’固定关联格式时，从句不可后置”和“从句中‘如果’有两种位置，一在句首，一在句中，在句首的从句可以后置，在句中的从句不可后置”。这种观察跟我们的分析不谋而合，进一步印证了我们的看法。事实上，固定关联格式还包括“如果”与“就”“便”“则”等承接性标记配套使用的情况。

7.4　小　　结

优势语序中，与 OV 型语言和谐的后置假设标记，比较符合“联系项居中原则”的要求，而 VO 型语言主要使用前置假设标记，不符合“联系项居中原则”，但汉语假设句的主句句首和谓头假设标记、从句的后置假设标记都是满足“联系项居中原则”的重要手段，与其他 VO 型语言相比，汉语假设标记的居中倾向更明显。并且，劣势语序中，汉语假设标记的位置同样受“联系项居中原则”的制约。

在跟其他少数民族语言接触的过程中，汉语作为强势语言，对其他少数民族语言影响较大，如有些 OV 型语言使用的与其语序类型不和谐的前置假设标记，以及一些 OV 型语言和 VO 型语言使用的不具有语言普遍性的主句假设标记或多或少都是受汉语影响产生的，是语言接触的结果。

第 8 章

河南夏邑方言中的愿望义反事实句

8.1 引　　言

汉语反事实条件句大多具有明显的情感倾向，如表示庆幸，或者表示遗憾（袁毓林，2015）。愿望类虚拟主要是对已然事态的虚拟，对同已然事实相悖的主观愿望的表达（邢向东，2005）。由于愿望义反事实句表达跟事实相反的不可能实现的愿望，是从言者视角叙述的，表达了说话人对做了不应该做的事或者没有做应该做的事的后悔或遗憾之情。

蒋严（2000：258）认为违实句有两种典型结构，一种是条件句，另一种是由表愿望的动词所引出的宾语从句。汉语普通话用“早知道”和“要是……就好了”等构式来表达愿望义反事实，英语用动词“wish”和“if only”等关联词语来表达。例如：

（8-1）我昨天要是没有迟到就好了。

（8-2）I wish she had been to KaiFeng.

（8-3）If only she had been to KaiFeng.

汉语方言中也有丰富的表达愿望义反事实假设的语言形式，如西北方言中有标记反事实假设的后置语气词“价、时价、些”等（邢向东，2005；张安生，2006），河北万全话的后置词“先”（宗守云，2018），上海话中的“蛮好”（强星娜，2011），浙江游龙话的动词“忘记”，北京话的固化结构“早知道”（强星娜，2011），山西山阴方言中来自时间词的“那会儿、时的”和来自实义动词的“忘了”（郭利霞，2015），等等。

愿望义反事实是一个具有跨语言普遍性的语义语法范畴。本章打算在前贤研究的基础上讨论笔者的母方言河南夏邑方言中的愿望义反事实假设句。

夏邑是河南省商丘市的一个下辖县，位于商丘市东部。夏邑方言属于中原官话商阜片（贺巍，2005）。河南夏邑方言中的认知义动词“知道”“忘了”等后面的小句，单句后附“好了”，句首或者主语之后加语气副词“不胜”“哪胜”“不跟”“哪跟”“不抵”“哪抵”等均可表达愿望义反事实。并且上述标记形式在其他汉语方言中也有分布。

8.2　夏邑方言中的“知道”反事实句

李新良和袁毓林（2017）选取同类型的语法环境测试证明了汉语普通话中的“知道”是个叙实动词。李新良（2015）指出叙实性是动词的一种语义功能，即动词预设其宾语小句真值的能力。但在夏邑方言中“知道”后的小句也可表达与事实相反的情况。例如：

（8-4）我知道夜儿个儿不浇水了。

（8-5）我知道小时候好好上学了。

（8-4）和（8-5）的实际意思分别是“我夜儿个儿浇水了”“我小时候没有好好上学”，其分别要表达的意思是“我夜儿个儿不浇水就好了”“我小时候好好上学就好了”。这类用法的句子称为“知道”反事实句。“知道”后小句与“知道”作为叙实动词带的宾语小句表面看起来形式相同，实际上有明显的区别。

8.2.1　“知道”反事实句的特点

第一，“知道”反事实句的主语和其后小句主语语义同指，一般指第一人称代词“我”，宾语小句的主语往往缺省，如（8-4）和（8-5）。有时整个句子的主语也可以省略，如（8-4）和（8-5）也可表述为：

（8-4a）知道夜儿个儿不浇水了。

（8-5a）知道小时候好好上学了。

或者：

（8-4b）知道我夜儿个儿不浇水了。

（8-5b）知道我小时候好好上学了。

“知道”叙实句的主语与宾语小句的主语则不一定同指，例如：

（8-6）我知道他夜儿个儿没浇水。

（8-7）我知道他明天不来。

第二，“知道”后小句中的动词是自主动词，主体对这些动词所指谓的动作行为可以有意识地操控，既可以自觉地做，也可以自觉地不做。例如不能说：

*（8-8）我知道夜里不发烧了。

*（8-9）我知道不感冒了。

因为“发烧”和“感冒”都是非自主动词。在叙实句中“知道”的宾语小句中的动词可以是不可控的，例如：

（8-10）我知道孩子夜里发烧了。

（8-11）我知道他感冒了。

第三，“知道”反事实句没有否定形式。“知道”叙实句的肯定句和否定句的宾语小句都是事实。但“知道”反事实句没有否定形式，变成否定形式后，就不再是反事实句，而是叙实句了。例如：

（8-12）我不知道夜儿个儿浇水了。

（8-13）我不知道小时候要好好上学。

第四，“知道”反事实句可追补与其后小句语义相反的句子。（8-4）和（8-5）可变换为：

（8-4c）我知道夜儿个儿不浇水了，其实我浇水了。

（8-5c）我知道小时候好好上学了，其实我小时候没有好好上学。

而“知道”叙实句不可追补跟宾语小句的语义相反的句子。例如：

*（8-14）我知道小王夜儿个儿没有浇水，事实上小王夜儿个儿浇水了。

*（8-15）我知道他去赶集了，事实上他没有去赶集。

第五，“知道”反事实句的句尾一定有“了”。如果（8-4）和（8-5）去掉句尾的“了”，则句子不成立或者句义发生变化。例如：

*（8-4d）我知道夜儿个儿不浇水。

?（8-5d）我知道小时候好好上学。

（8-4d）不成句，（8-5d）句义发生了变化，意思是“我知道小时候要好好上学”是个叙实句，所以句尾的“了”对反事实义的生成有一定的作用。（8-4）中交际双方共有的背景知识“我夜儿个儿浇水了”是个已然事件，而“知道”后的小句是“夜儿个儿不浇水”与已然事件相反，所以具有反事实义。句尾“了”表明了由事实到反事实的变化，也点明其对立关系，所以具有了传递反事实义的功能，如果去除就会影响句子的反事实性。陈国华（1988）、蒋严（2000）、雍茜（2014，2015）、王春辉（2016）等都肯定了句尾“了”对反事实义的贡献。

第六，“知道”反事实句不可出现表达将来时制的词语，如果出现，则理解为叙实句。例如，“我知道明天不去了”这句话可能出现如下语境：甲告诉乙：明天不用去了。乙回答：我知道明天不去了。将来的事件还没有发生或实现，谈不上真假。反事实时间只能指向过去。雍茜（2017：232）通过对 153 种语言的调查发现，有 91 种语言使用非特定违实标记，约占总数的 59%。其中，多数语言使用过去时作为非特定违实标记。跨语言研究结果表明，反事实句与过去时关联密切。

Dahl（1997：100）认为英语严格意义的反事实句倾向于限制在过去时，因为将来时态的陈述一般不知道其真假，严格说来不会出现在反事实假设中；现在时间指示的陈述状况还不清楚，有可能现在就知道其是假的。例如：

（8-16）If I were younger, I would learn Classical Greek.

另外，假设条件句中现在时间指示的时态有相当的模糊性，因为现在没有实现的有可能在将来某个时间实现。例如：

（8-17）If I had enough money, I would go and visit him.

所以，反事实与过去时关联度比较高，汉语方言中有一些反事实标记就是来源于表过去的时间词或与其相关。例如：

（1）河北万全话的“先”（例句引自宗守云，2018：267）

（8-18）上个月下场雨先也不会旱成灾的嘞。（上个月下场雨的话就不会旱成这样了。）

（2）山西山阴方言的“那会儿”（例句引自郭利霞，2015：62）

（8-19）你看我这件衣裳咋地个？——颜色土眉混眼土里土气的，那会儿买上个艳色鲜艳些儿的。

山西山阴方言中的虚拟语气词“时的”经常和表过去时间的“那会儿”配合出现。例如（例句引自郭利霞，2015：63）：

（8-20）我头发多，夏天热闹闹的真难活哩。——你（那会儿）把头发铰短时的。

陕北沿河晋语表虚拟的语气词“时价、价、些、来些”等最常见的是置于分句末尾，表达强烈的遗憾情绪时，也可将其置于单句末尾。例如（例句引自邢向东，2005：44-45）：

（1）神木

（8-21）我那会儿好好儿念书时价，早考上大学了。

（2）佳县

（8-22）这场雨要早下上几天价！

（3）绥德

（8-23）我那昝会儿好好念书价，早考上大学了。

（4）延川

（8-24）这场雨要早下给几天来些！

古汉语中表示过去的时间副词“向、乡”等（例句引自袁毓林，2015：133）：

（8-25）向不遭度，则郡早为丘墟，而民系于虏廷矣。（《三国志·魏志·公孙度传注引魏书》）

（8-26）乡无桓公，星遂至地，中国其良绝矣。（《汉书·五行注》）

8.2.2　“知道”反事实句的形成

夏邑方言中的“知道”既有普通话的叙实用法，也有反叙实用法，两者句法形式有别，其反叙实用法是怎么形成的呢？为了便于分析，笔者将（8-4）和（8-5）在此重新编号为（8-27）（8-28）：

（8-27）我知道夜儿个儿不浇水了。

（8-28）我知道小时候好好上学了。

在夏邑方言中也可以还原为假设条件句，例如：

（8-27'）我知道今个下雨，夜儿个儿就不浇水了。

（8-28'）我知道现在干活累，小时候就好好上学了。

由于“知道”的宾语是交际双方共知的，是背景知识，不需要说出来，所以，“知道”的宾语显得多余。这样，在语言经济性原则驱动下，“知道”的宾语省略，句法形式上与假设句的主句邻近，当两个小句之间语音停顿缩短时，两个分句之间的形式分界消失，出现句法紧缩，变成一个紧缩假设句。“知道”位于愿望义反事实句的句首或者谓头，不再是句子的核心动词，变成句子的非主要成分，动词的功能衰退，动词义减弱，同时吸纳后悔、遗憾等语境义，情态义增强，有发展为反事实标记的倾向。

夏邑方言中的“知道”表达愿望义反事实的用法跟普通话中的“早知道”相似，但在夏邑方言中可以不出现指示过去时间的副词“早”，这里的“早”被看作拉开了现实世界与虚指的可能世界之间的距离，因而增强了违实的效果。（蒋严，2000：266）这可能跟夏邑方言中“知道”反事实句的句尾“了”也有点明过去时制、可以弥补时间词汇缺失的不足、促进反事实义的达成有关。

上述关于“知道”反事实句形成的推测是否正确呢？为此，笔者利用北京大学中国语言学研究中心 CCL 语料库，考察了普通话中“早知道”反事实句的使用情况，早期汉语用“早知”。

“早知”用于假设条件句，明代之前引导的假设句的主句多是事实，句中带“悔”“恨”等，表示后悔做了某事。例如：

（8-29）早知如此悔归来，两地宁如一处苦。（[唐]白居易《缚戎人》；转引自 CCL 语料库）

（8-30）早知死若埋沙里，悔不教君还帝乡。（潘重规《敦煌变文集新书》；转引自 CCL 语料库）

（8-31）早知到没艰辛地，悔不生时作福田。（潘重规《敦煌变文集新书》；转引自 CCL 语料库）

（8-32）早知诸将辈如此，恨不以白刃驱之，今者悔何所及？（[南朝]沈约《宋书·张永传》；转引自 CCL 语料库）

明代之后，主句是反事实的句子大量出现，例如：

（8-33）早知昏君以面貌取人，我也不来。（[明]罗贯中《五代秘史》；转引自 CCL 语料库）

（8-34）闻太师见如是艰难，悔之不及。早知如此，不若还走五关，方便许多。（[明]许仲琳《封神演义》；转引自 CCL 语料库）

（8-35）宋江寻思道："原来这庙后又有这个去处。早知如此，却不来这里躲避，不受那许多惊恐！"（[明]施耐庵《水浒全传》；转引自 CCL 语料库）

（8-36）四处寻访，并无踪迹，正不知何处去了。夫妻痛哭懊悔道："早知如此，不教他去也罢！如今冤屈未伸，倒先送了两个孩儿，后来倚靠谁……"（[明]冯梦龙《醒世恒言》；转引自 CCL 语料库）

（8-37）早知如此，前日初到之时，就该递上一封降书降表，万事皆休。（[明]罗懋登《三宝太监西洋记》；转引自 CCL 语料库）

其中后四例，由于知道的宾语上文中已出现，用"如此"指代。有的上文中有表示后悔、遗憾等意义的词语，如（8-23），即使没有，也表达出了后悔义。"早知"条件句表达的是说话者希望发生，但实际上却没有发生的，所以表达了说话人带有遗憾的愿望。如果指代性宾语进一步省略，两个分句之间的边界消失，"早知"和主句就结合成了紧缩型假设句。例如：

（8-38）八戒听说，跌脚捶胸道："早知我去好来！都是那沙僧惫懒！"（[明]吴承恩《西游记》；转引自 CCL 语料库）

（8-39）我早知也不干这营生。（[明]兰陵笑笑生《金瓶梅（崇善本）》；

转引自 CCL 语料库）

（8-40）早知叫带了去。（[清]石玉昆、俞樾《七侠五义》；转引自 CCL 语料库）

（8-41）心中又自后悔，这些日子只说不提了，偏又丢生，早知该天天好歹温习些的。（[清]曹雪芹《红楼梦》；转引自 CCL 语料库）

元代以后“早知道”开始用于假设句，清代大量出现。例如：

（8-42）早知道，不来也罢。（正末唱）你可为甚么切齿嚼牙恨？（[元]秦简夫《全元曲·东堂老劝破家子弟》；转引自 CCL 语料库）

（8-43）我早知道这添添不是我的儿，我也不抬举他这十三年也。（[元]杨文奎《全元曲·翠红乡儿女两团圆》；转引自 CCL 语料库）

（8-44）早知道你是瞎话，我不叫几个小厮合你去？快暖上酒，外头看坐。（[明]西周生《醒世姻缘传》；转引自 CCL 语料库）

（8-45）这件事我要怪你：你头一趟到这里，为什么不把话说明白？早知道是他老先生开的，着事岂不早完了呢。（[清]李伯元《官场现形记》；转引自 CCL 语料库）

（8-46）若是早知道了，可以一起同行，兄弟也可以靠个照应。（[清]李伯元《官场现形记》；转引自 CCL 语料库）

（8-47）苟才忙道：“可不是。早知道这样，我不会留下，等送这一个！”（[清]吴研人《二十年目睹之怪现状》；转引自 CCL 语料库）

（8-48）这脸子竟是为平儿来报仇的。竟不承望平儿有你这一位仗腰子的人。早知道，便有鬼拉着我的手打他，我也不打了。（[清]曹雪芹《红楼梦》；转引自 CCL 语料库）

（8-49）早知道都是要去的，我就不该弄了来，临了剩我一个孤鬼儿。（[清]曹雪芹《红楼梦》；转引自 CCL 语料库）

（8-50）我若早知道，就不致允许她的婚事了。这样一来，倒是我害了你们了。（[民国]许啸天《明代宫闱史》；转引自 CCL 语料库）

现代汉语中可见“早知道”与主句结合构成紧缩复句的语例，例如：

（8-51）比如说吃饭，吃到第五碗饱了，早知道前面四碗就不吃了。

（《传媒大亨与佛教宗师的对话：包容的智慧》；转引自 CCL 语料库）

（8-52）他不无后悔地说："今年西瓜俏得很，早知道多种几亩。"（《人民日报》1994 年；转引自 CCL 语料库）

（8-53）政委握着那根断了的琴弦，沉沉的吸了一口气，轻声地念叨："早知道给你们带来几根弦就好了……"（《人民日报》1998 年；转引自 CCL 语料库）

笔者在北京大学中国语言学研究中心 CCL 语料库中输入"早知"进行检索，发现清代以前"早知"用于假设句的语例较多，其中"早知"后带宾语的语例比不带宾语的语例多，并且多带指代性宾语"如此、这样"等，不带宾语时"早知"和后面的主句直接结合，小句之间的形式分界消失；清代以后"早知道"大量出现，并且即使"早知道"后不带宾语，也往往有逗号，句子之间的形式分界仍然存在，到现代汉语语料中才出现"早知道"跟后面主句结合的语例。

所以，语料显示，现代汉语普通话中的"早知道"反事实句是假设句紧缩的结果，"早知道"由带宾语到宾语省略，再到后附于主句，成为表达愿望义反事实句的形式。"早知"宾语省略后，直接后附于主句，没有过渡阶段，这可能跟韵律有关。"早知（道）假设句"一开始就表示说话人的后悔义，最初是后悔做了某事，主句是事实句，见（8-29）—（8-32）。到后来变成后悔没有做某事，主句是反事实句，表达的都是说话人的后悔之情，语境中往往可以找到表示懊悔、悔恨等意思的词语，例如：

（8-54）早知如此，极应该托病不来。如今懊悔已迟！（[清]李伯元《官场现形记》；转引自 CCL 语料库）

（8-55）所以兄弟甚是懊悔，早知如此，实实在在不应该来的。（[清]李伯元《官场现形记》；转引自 CCL 语料库）

（8-56）贾芸笑道："求叔叔这事，婶子休提，我昨儿正后悔呢。早知这样，我竟一起头求婶子，这会子也早完了。"（[清]曹雪芹《红楼梦》；转引自 CCL 语料库）

（8-57）雷宽喜有些后悔地对记者说："要是早知道这样，我一定要将名字写得更工整一些。"（《人民日报》1998 年；转引自 CCL 语料库）

所以，笔者关于夏邑方言中的“知道”反事实句形成的推测应当是正确的，因没有提前知道某种情况，应该做某事而没有做，不该做某事而做了，所以句子带有后悔或遗憾之情。但“知道”的语法化程度还比较低，不好说成反事实标记。

8.3 夏邑方言中的“忘了”反事实句

8.3.1 “忘了”反事实句的特点

夏邑方言中的“知道”反事实句中的“知道”一般可替换成“忘了”，例如（8-4）和（8-5）也可以变换为：

（8-4e）我忘了夜儿个儿不浇水了。

（8-5e）我忘了小时候好好学习了。

所以，“忘了”反事实句具备“知道”反事实句的相关特点，此处不再赘述。但在主语人称限制方面，“忘了”反事实句除了用第一人称，也可以用第二人称，例如：

（8-58）今[tɕi^{213}]个又下大很了，你夜儿个儿忘了 [pᴇ^{52}]（别）浇地了。

（8-59）一春天都没下雨，庄稼都旱毁了，你夜儿个忘了浇浇了。

主语是第二人称，“忘了”只能位于主语之后，并且其后宾语小句是否定时，否定词要用“[pᴇ^{52}]（别）”，宾语小句是肯定句时，一般要加副词“也”。山西山阴方言中的“忘了”、浙江游龙话中的“忘记”也可表愿望义反事实，但山阴方言中“忘了”反事实句主语只能是第一人称，不可以是第二人称，浙江游龙话中的“忘记”反事实句如果主语是第二人称，只能位于主语之后。（郭利霞，2015；强星娜，2011）看来，夏邑方言中的“忘了”反事实句语法化程度更高。事实上，第一/二人称在汉语、英语等其他语言中均显示出较大的违实表达优势，Ziegeler（2000：36-39）认为第一/二人称比较接近于说话人的直接指称范围，对临近已知事实的假设有利于传递违实义。

“知道”和“忘了”都属于认知义动词，但语义有一定程度的对立，“忘了”愿望义反事实句是怎么形成的呢？

8.3.2 “忘了”反事实句的形成

夏邑方言中，“忘了”的宾语小句既可以表达跟事实一致的情况，例如：

（8-60）我忘了他吃过饭了。

（8-61）我忘了他去过上海了。

也可以表达跟事实相反的情况，例如：

（8-62）他忘了拿车钥匙了。

（8-63）你咋又忘了拿背包了。

（8-64）（你今个去赶集了不？）我忘了去（赶集）了。

“忘了”属于认知义动词，认知义动词所在句子的主语与宾语小句的主语不一定同指。（王冬梅，2003：316）以“忘了”句和其宾语小句都是陈述句为例，当句子主语和宾语小句主语不一致时，“忘了”的宾语小句表达的事件与事实一致。

（8-60）和（8-61）可追加与宾语小句语义相同的小句：

（8-60a）我忘了他吃过饭了，事实上他吃过饭了。

（8-61a）我忘了他去过上海了，事实上他去过上海了。

（8-60）和（8-61）不可追加与宾语语义相反的小句：

*（8-60b）我忘了他吃过饭了，事实上他没有吃过饭。

*（8-61b）我忘了他去过上海了，事实上他没有去过上海。

所以，在句子主语和宾语小句主语不一致的语境下，“忘了”的宾语小句是叙实性的。但当句子主语和宾语小句主语一致时，其宾语小句表达的事件跟事实相反，如（8-62）—（8-64）不可追加与宾语语义相同的小句：

*（8-62a）他忘了拿车钥匙了，事实上他拿车钥匙了。

*（8-63a）你咋又忘了拿背包了，事实上你拿背包了。

*（8-64a）（你今个去赶集了不？）我忘了去（赶集）了，事实上我去赶集了。

（8-62）—（8-64）可追加与宾语语义相反的小句：

（8-62b）他忘了拿车钥匙了，事实上他没拿车钥匙。

（8-63b）你咋又忘了拿背包了，事实上你没拿背包。

（8-64b）（你今个去赶集了不？）我忘了去（赶集）了，事实上我没有去赶集。

所以，在句子主语和宾语小句主语一致的语境下，“忘了”的宾语小句是反叙实性的。笔者推测夏邑方言中的“忘了”反事实句是在反叙实语境下产生的，即“忘了”句和其宾语小句主语一致时，忘了某事等于没有做某事，整个句义跟宾语小句意思相反。这时如果主语是第三人称，只是客观叙述实际忘记的事情，如例（8-62）；如果主语是第一或者第二人称，并且因忘了做某事而出现不利于主语的结果时，说话人则希望没有忘记做某事，而事实上是不可能的。例如：

（8-65）（听说今个集上有唱戏嘞），我忘了去赶集了。

因为没有去赶集导致没有听上戏，所以说话人希望自己去赶集了，“忘了”的宾语小句表达的是说话人希望发生的事情，但却与事实相反，是不可能实现的，所以句子伴有遗憾或后悔之情。同样，“我忘了去赶集了”因语境不同，在例（8-64）中表示的是实际忘记的事情，说话人只是客观叙述这件事，但在例（8-65）中因忘记的事情是说话人希望发生但事实上却又不可能发生的，愿望义是受话人依靠语境从有限的话语中推导出的隐含义，带有较强的主观性。所以夏邑方言中的“忘了”反事实句的形成跟语用推理有关，是语用原则中的“不过量原则”在起作用，说话人在说出X时，真正用意是诱使受话人推出大于 X 的信息，即“X+说话人的主观性”，“忘了”愿望义反事实=反叙实义+说话人的主观性（愿望），语用推理的反复运用和最终的凝固形成了表达愿望义反事实的“忘了”句，在语义演变过程中主观化起了主要作用。

夏邑方言中，以下两种情况，一般只理解为表达愿望义反事实：一种是宾语小句是否定句，例如：

（8-66）我忘了不去赶集了。（晒嘞粮食都叫雨淋了。）

（8-67）（咦，恁多好吃嘞。）我忘了早上不吃饭了。

另外一种是“忘了”宾语小句的动词是复杂形式，例如：

（8-68）（争一点儿没赶上车）忘了早点出门了。

（8-69）（将十一点都饿嘞走不动了）忘了早上吃多点了。

但“忘了”的宾语小句不能是不可控动词，如不可以说：

*（8-70）忘了下雨了。

*（8-71）忘了不下雨了。

笔者以“忘了”为检索词考察了北京大学中国语言学研究中心 CCL 语料库中的用例，其宾语小句的叙实和反叙实用法取决于句子主语与宾语小句主语是否一致，但反叙实用法都是表达实际忘记的事情，没有表达愿望义反事实的用法。

夏邑方言中的“忘了”愿望义反事实句是“忘了”反叙实用法的“专化”。邢公畹（1987：5）说：“语言里的句子都有它的基本意义（或者说‘公设意义’）。这个基本意义是由这个句子的词和词组的词汇意义以及语法意义相加的总和。我们平时讲课，讲的就是这种基本意义。而当一个句子‘专化’之后，就会增加或者改变它的基本意义。这种改变了的或者增加了的基本意义（或者说‘专化意义’）不是说者作为交际对象的听者往往听不懂。”所以，没有这种方言背景的人可能不太容易理解。

8.4 夏邑方言中“不胜”等语气副词表达的反事实句

河南夏邑方言中的语气副词“不跟、不胜、不抵 [ti^{42}]、哪跟、哪胜、哪 [ti^{42}]”等后跟的是说话人希望发生而事实上没有发生的事情，带有懊悔之情。表达说话人的主观愿望。例如：

（8-72）还不跟不说来。/哪跟不说焉。

（8-73）还不胜不去来。/哪胜不去焉。

句首用副词“不跟、不胜、不抵”时，句末用语气词“来”，“来”在夏邑方言中可用于过去时，表动作的完成。（董秀英，2012c：48）不加语气词“来”和副词“还”时，表示事情还没有发生，只是说话人的建议；主语后用副词“哪跟、哪胜、哪抵”时，句尾用语气词“焉”。主语不受人称的限制，但在句中一般不出现，甚至动词可以是非自主的。例如：

（8-74）还不跟下雨来。

“不跟、不胜”等在夏邑方言中也可用于比较，构成负向差比句。例如：

（8-75）去不胜不去来。/去哪胜不去焉。

（8-76）出去打工还不跟在家干个生意来。/出去打工哪跟在家干生意焉。

比较句中，“不跟、不胜”等是状中结构的动词短语。负向差比句的后项在性状上高于前项，代表着说话人的价值取向，即说话人支持或者希望出现的情况。当比较的前项省略，“不跟、不胜”等后面接谓词性词语时，“跟、胜”的动词功能逐渐衰退、动词义逐渐减弱，由做谓语时的语义重心地位退居非语义重心地位。处于非语义重心地位的语段最容易发生句法成分边界的消失，经过重新分析后得出“不+（X 胜/跟+VP）”>“（不+胜/跟）+VP”，“不胜、不跟”成为后接VP的修饰语，其词义也渐趋融合并变得虚灵，客观比较义减弱而主观愿望义增强，最终将其分析为表示建议或者愿望的语气副词。

8.5 夏邑方言中语气词“好了”表达的反事实句

夏邑方言中，句尾附语气词“好了”“中了”“管了”等也可表达说话人希望发生而事实上没有发生的事情。例如：

（8-77）不去赶集好了，（晒嘞粮食都叫雨淋了。）

（8-78）（现在又发烧了，）晌午去医院看看好了。

说话人希望“好了”等所在小句表达的事件发生或实现，但事与愿违，事实上是“去赶集了”“晌午没有去医院看病”。

夏邑方言中的“好了”反事实句一般需要有语境信息或含有表过去时间的词语，如果与将来发生的或者惯常事件相反，只是表达说话人的期望或者建议，不是反事实句。例如：

（8-79）明天不开会好了。

（8-80）你别恁肯吃好了。

这两句话的背景信息是：明天开会和受话人肯吃。前者是将来事件，后者是惯常事件，说话人期望出现与背景信息相反的情况，同时也可推导出对受话人建议的意思，即建议对方明天别开会了，别那么肯吃了。

另外，夏邑方言中后附“好了”的句子表达反事实或者期望时，谓语动词可以是非自主的。例如：

（8-81）夜儿个儿不下雨好了。

（8-82）明天不下雨好了。

夏邑方言中“好了”的语义功能类似于普通话中的“就好了”，可看作语气助词。这类反事实句可能来自表评价的元语言假设句，在夏邑方言中也可以说：

（8-83）要是夜儿个儿不浇水，就好了。

假设句的主句是对从句的正面评价，是元语言。正面评价代表说话人的价值取向，表明说话人赞成从句表达的事件发生或实现，当这种事情没有发生或不可能发生时，表达说话人希望其发生的愿望。由于主句较简短，容易依附于从句，当从句和主句语音停顿缩短，两个分句之间的形式分界消失时，就变成了紧缩复句：

（8-84）要是夜儿个儿不浇水就好了。

由于口语表达追求简洁，关联词“要是”和“就”往往省略，变为：

（8-85）夜儿个儿不浇水好了。

“好了”还可以附在“知道”愿望义反事实句的句尾，例如：

（8-86）知道夜儿个儿不浇水好了。

“好了”由对前面小句正面评价的形容词，变为一个表达愿望的假设标记，读音变为轻读。从语义上看，说话人正面评价的对象也是其希望发生的对象，与其表达愿望的语义相适宜，由假设复句的主句到紧缩句，再到句末语气词，这些现象构成一个语法化的连续体。

根据张龙（2012）的研究，明清时期汉语中曾出现过“好了”表愿望的用法，后来还衍生了表建议的功能。例如：

（8-87）妇人道：“说不得，有他在好了，如今弄的俺娘儿们一折一磨的。”（[明]兰陵笑笑生《金瓶梅词话》；转引自 CCL 语料库）

（8-88）柔仙道：“凌霄姊打鼓板，我来吹笛，你先把‘玉楼天半起笙歌’的白说起来。”燕卿道：“只唱曲好了。”（[清]梁溪司香旧尉《海上尘天影》；转引自 CCL 语料库）

（8-87）表愿望，意思是希望有他在，（8-88）表建议，意思是建议只唱曲。建议表明了说话人的意见或者态度，愿望也是说话人的态度，所以，建议用法可看作愿望用法的进一步发展。当说话人希望发生的事件还没有发生并且是受话人可以控制时，说话人说希望怎么样隐含着建议受话人做某事的意思，如（8-88）中“只唱曲好了”可以理解为说话人希望只唱曲，也可以理解为说话人建议受话人只唱曲。从愿望到建议是通过语用推理得到的。但当说话人希望发生的事件是与事实相反或者不可控的事件时，就只是表达说话人的愿望，不能推导出建议功能。例如：

（8-89）你夜儿个儿不去开会好了。

（8-90）夜儿个儿不下雨好了。

（8-89）中说话人希望发生的事是反事实事件，不可能是建议你夜儿个儿别去开会，（8-90）“下雨”是不可控事件，不可能建议别人去做不可能的事情。

在夏邑方言中，如果“好了”后附于表示将来或者惯常事件的句子并且事件可控时，表明说话人可以通过表达愿望的形式来实施建议功能。例如：

（8-91）你明天不去开会好了。

（8-92）你别恁肯看电视好了。

（8-93）甲：我今个有事去不了了。

乙：叫小王去好了。

（8-94）甲：今个家里没有馍了。

乙：那就吃面条好了。

普通话中关于语气词“好了”的意义和来源一直是有争议的，夏邑方言材料证明其来源于表愿望的假设句，核心功能是表建议。

8.6 小　　结

综上所述，河南夏邑方言中的四种愿望义反事实句及其表达形式既有区别，又有联系，总结如表 8-1 所示。

表 8-1　夏邑方言四种愿望义反事实句及其表达形式的区别与联系

愿望义反事实句	反事实句的主语	反事实句的动词	语义来源	位置
知道	第一人称	自主动词	认知义动词	句首或谓头
忘了	第一人称/特定语境下第二人称	自主动词	认知义动词	句首或谓头
“不胜”等	不限	不限	正面评价	谓头
好了	不限	不限	正面评价	句尾

河南夏邑方言中有四种表达愿望义反事实句的形式，它们之间是有区别的。首先，四种愿望义反事实句的句法限制从小到大形成一个序列：“好了”反事实句和“不胜”等反事实句主语人称和动词均不受限制，句法形式最为自由；“忘了”反事实句在主语人称上比“知道”反事实句相对自由，特定语境下可以是第二人称，但两者的谓语动词都必须是自主动词，不能是非自主动词。所以，其句法受限序列从大到小为“知道” > “忘了” > “好了”/“不胜”等。

其次，四种愿望义反事实句的表达形式来源于两种语义类型：“不胜”等语气副词和“好了”语气词表达愿望义反事实都来源于对事件的正面评价，体现了说话人的价值取向。说话人正面评价的对象也是其希望发生的对象，与愿望语义相适宜。“知道”和“忘了”来源于认知义动词，不同在于前者是由假设条件句省缩而来，是由从属标记到核心标记的过渡；后者本来就是一个简单句的谓语中心，经过语用推理固化形成的，属于核心标记。

再次，河南夏邑方言中的愿望义反事实句形成于不同的句法环境：“知道”和“好了”反事实句来源于条件句，不同在于前者是从句省略部分内容后依附于主句，后者是主句依附于从句；“不胜”等反事实句来源于比较句，“忘了”反事实句来源于宾语小句主语与句子主语一致的“忘了”句。

最后，从反事实句表达形式的句法分布看：“知道”“忘了”“不胜”等均位于反事实句的句首或者谓头，“好了”位于反事实句的句尾，说明夏邑方言愿望义反事实句的表达形式倾向于添加在句首或者谓头，句首和谓头的位置在表达愿望义反事实方面功能强大，与上海话相同，不同于西北方言的句尾标记。

结　　语

本书首先对假设句进行分类：一是根据假设从句表达的内容能否实现将假设句分为可能假设句和反事实假设句。二是根据假设的两个分句之间的语义关系，将其分为原型假设句和非原型假设句，前者两个分句之间具有因果联系，后者不具有；非原型假设句根据假设句的言语行为类型分为断言假设句和非断言假设句，前者又包括回溯推理假设句、隐喻推理假设句、反事实假设句和元语言假设句等，由原型假设句向非原型假设句扩展的动因是主观化。另外，汉语假设句的核心功能是表达假设条件关系，除此之外，还有一些边缘功能，如表达选择、解说、转折等逻辑语义关系，这说明汉语假设句不仅是个原型范畴还是一个相对显赫的范畴。

其次，本书围绕假设标记形式进行研究。不同语言假设句的标记形式表面看来千差万别，深入分析之后会发现其涉及的规则是个有限的系统，汉语及其方言的假设标记都是对三种句法操作手段（“添加”“移位”“重叠”）和三个句法操作位置（“句首”“谓头”“句尾”）这一有限而封闭系统的选择和使用。不同语言的选择结果形成了语言的类型差异，假设标记主要有句首添加、谓头添加、句尾添加和谓头移位四种。添加是假设句的主要标记手段，不同语言假设标记添加的位置与其动宾语序的类型是和谐的，VO 型语言倾向于使用前置假设标记，OV 型语言倾向于使用后置假设标记。这种和谐在汉语方言中也有不同程度的反映，主要表现在吴方言和西北方言中，这两个方言的语序出现了向 OV 型语言靠拢的趋势，所以后置假设标记相对其他汉语方言较丰富。笔者还以来自阿尔泰语系的少数民族语言为考察对象，考察了词法操作表达假设的情况，发现词法操作主要通过在动词上附加形态标记来表达假设，这种表达手段是由阿尔泰语系语言形态丰富并且具有黏着性的特点决定的。由于阿尔泰语系语言是 SOV 型语言，所以在动词词干后加标也就是在句尾加标，仍然跟 OV 语序是和谐的。

汉语假设标记既可以前置，也可以后置。后置假设标记与 VO 语序类型不和谐，但与汉语附置词的语序类型是和谐的。假设标记是假设句的中心，汉语假设标记位置的特殊性再次表明汉语中心语参数的摇摆不定。另外，汉语后置假设标记的出现还跟假设标记的语法化来源和语言接触等有关系。

从假设标记的语法化来源看，汉语假设标记虽然丰富，但其语义来源仅有九种类型，并且它们要么具有非现实性（如言说动词、使令义动词、比况义动词和愿望义助动词）而用于未然或不可能事态等非现实语境中，吸纳了其非现实义的时间词和确认义副词；要么具有话题性，如系动词和其他话题标记。这些语义来源一般具有跨语言的普遍性，这不是巧合，因为非现实性和话题性均是假设的语义特征。一个词语向某一语法标记的发展，除了使用频率外，还要满足两个基本条件：一是语义相宜性，二是合适的句法环境（石毓智，2006：32）。汉语假设标记的语法化来源均与假设语义相适宜，满足了语法化的语义条件。根据语法化的滞留性原则，实词虚化为语法成分以后，多少还保留原来实词的一些特点，包括句法位置的特点。假设标记语法化来源的句法位置制约着假设标记的位置，动词、副词、助动词等来源的假设标记语法化之前位于小句的前端，语法化之后也位于句首或者谓头；时间词、是非问标记、话题标记等来源的假设标记语法化之前位于小句的末尾，语法化之后也位于句尾。

汉语假设句的从句位于主句之前为优势语序，这种用法具有跨语言的普遍性。本书所做研究认为汉语假设句优势语序的形成主要跟篇章衔接有关，并且这对从句后置于主句的假设句也有一定的解释力，但从句后置的假设句作为一种有标记的形式，其出现还跟追求表达的严谨、礼貌等语用功能有关。

优势语序中，与 OV 型语言和谐的后置假设标记比较符合“联系项居中原则”的要求。VO 型语言主要使用前置假设标记，不太符合“联系项居中原则”的要求，但汉语假设从句的后置假设标记和主句假设标记都是满足“联系项居中原则”的重要手段，与其他 VO 型语言相比，汉语假设标记的居中倾向更明显。劣势语序中，汉语假设标记的位置同样受“联系项居中原则”的制约。

汉语假设句的主句标记既有指代性的又有承接性的，但和从句假设标记的共现频率总体上并不高，还不到 50%，和指代性标记的共现频率更低，仅为 16%。这一点跟英语比较接近，也比较符合语言的普遍特征。并且从句中不同假设标记和主句标记的共现频率有差异，国家语委现代汉语通用平衡语料库中使用频次超过 100 次的 11 个常用现代汉语假设标记和主句标记共现频率按高低顺序的排列为如果说 > 一旦 > 若 > 若是 > 假如 > 假使 > 如果 > 要是 > 倘若 > 万一 > 要不是，具有口语化倾向的假设标记的频率偏低。“如果说”偏向于表达非真正假设条件句，需要强推理性标记“那么”与之共现，致使“如果说”虽然具有口语化倾向，但跟主句“那么”的共现频率高于 60%，在推理性较强的学术语体中，其共现频率更高。“一旦”语义上要求与承接性标记组配，语体特征与“就”更符合，所以两者共现倾向也比较明显。

最后，本书进行的是个案研究，讨论了河南夏邑方言中的愿望义反事实句的表达形式。夏邑方言中有四种表达愿望义反事实句的形式，从句法限制方面看：“好了”反事实句和“不胜”等反事实句主语人称和动词均不受限制，句法形式最为自由；“忘了”反事实句在主语人称上比“知道”反事实句相对自由，特定语境下可以是第二人称，但两者的谓语动词都必须是自主动词，不能是非自主动词。所以，其句法受限从大到小形成一个序列：“知道”>“忘了”>“好了”/“不胜”等。从愿望义反事实句表达形式的语义来源看：“不胜”等语气词和“好了”语气词都是来源于对事件的正面评价，体现了说话人的价值取向。说话人正面评价的对象也是其希望发生的对象，与愿望语义相适宜。与普通话表愿望义的“就好了”和上海话的“蛮好”语义来源相同，都是对一个独立命题的评价，通过语用推理，使原来的命题表达反事实义。“知道”和“忘了”都来源于认知义动词，不同在于前者是由假设条件句省缩而来，是由从属标记到核心标记的过渡；后者本来就是一个简单句的谓语中心，经过语用推理固化形成的，属于核心标记。从愿望义反事实句形成的句法环境看：“知道”和“好了”反事实句来源于条件句，不同在于前者是从句省略部分内容后依附于主句，后者是主句依附于从句；“不胜”等反事实句来源于比较句，“忘了”反事实句来源于宾语小句主语与句子主语一致的“忘了”句。最后，从反事实句表达形式的句法分布看：“知道”“忘了”“不胜”等均位于反事实句的句首或者谓头，“好了”位于反事实句的句尾，说明夏邑方言愿望义反事实句的表达形式倾向于添加在句首或者谓头，句首和谓头位置在表达愿望义反事实方面功能强大，类型上与上海话相同，不同于西北方言的句尾标记。

参 考 文 献

北京大学中文系1955级、1957级语言班编. 2010. 现代汉语虚词例释. 北京：商务印书馆.

北京大学中文系现代汉语教研室编. 2003. 现代汉语. 北京：商务印书馆.

蔡树湘，黎炳娇. 2001. 德英语谓语语序对比及德语教学策略. 华南理工大学学报（社会科学版），（4）：58-62.

曹逢甫. 2005. 汉语的句子与子句结构. 王静译. 北京：北京语言大学出版社.

朝克. 1986. 鄂温克语的后置词. 民族语文，（6）：56-63.

朝克. 1995. 鄂温克语研究. 北京：民族出版社.

陈国华. 1988. 英汉假设条件句比较. 外语教学与研究，（1）：10-18.

陈国庆. 2002. 克木语研究. 北京：民族出版社.

陈国庆. 2005. 克蔑语研究. 北京：民族出版社.

陈康. 1992. 台湾高山族语言. 北京：中央民族学院出版社.

陈康，巫达. 1998. 彝语语法. 北京：中央民族大学出版社.

陈平. 1988. 论现代汉语时间系统的三元结构. 中国语文，（6）：401-422.

陈如新. 2005. 祁阳方言中的虚拟句. 湖南科技学院学报，（8）：119-120.

陈士林，边仕明，李秀清. 2009. 彝语简志. 北京：民族出版社.

陈新良. 2001. 元语言意识习得研究. 佛山科学技术学院学报（社会科学版），（2）：57-61.

陈泽平. 1998. 福州方言研究. 福州：福建人民出版社.

储泽祥，陶伏平. 2008. 汉语因果复句的关联标记模式与“联系项居中原则”. 中国语文，（5）：410-422.

戴庆厦. 2005. 浪速语研究. 北京：民族出版社.

戴庆厦，段贶乐. 1995. 哈尼语概论. 昆明：云南民族出版社.

戴庆厦，傅爱兰. 2000. 藏缅语的是非问. 中国语文，（5）：390-398.

戴庆厦，蒋颖，孔志恩. 2007. 波拉语研究. 北京：民族出版社.

戴庆厦，田静. 2005. 仙仁土家语研究. 北京：中央民族大学出版社.

戴庆厦，徐悉艰. 1992. 景颇语语法. 北京：中央民族学院出版社.
丁声树，吕叔湘，李荣，等. 2002. 现代汉语语法讲话. 北京：商务印书馆.
丁志丛. 2008. 有标转折复句的关联标记模式及相关解释. 求索，（12）：201-202.
董秀芳. 2000. 论“时”字的语法化. 钦州师范高等专科学校学报，（1）：48-54.
董秀芳. 2003. “X说”的词汇化. 语言科学，（2）：46-57.
董秀芳. 2004. “是”的进一步语法化：由虚词到词内成分. 当代语言学，（1）：35-44.
董秀英. 2012a. 汉语后置假设标记与“联系项居中原则”. 华文教学与研究，（3）：60-65.
董秀英. 2012b. 假设功能的句法实现及相关解释. 兰州学刊，（6）：111-114.
董秀英. 2012c. 河南夏邑方言中的语气词“来”. 南阳师范学院学报（社会科学版），（2）：48-51.
董秀英. 2014. 汉语无标记反事实假设句及其话语功能. 南昌大学学报，（2）：156-160.
董秀英. 2015. 跨语言视角下汉语假设标记语法化来源类型. 励耘语言学刊，（2）：173-184.
董秀英. 2016. 汉语假设句的从句和主句假设标记共现情况考察. 南京师范大学文学院学报，（2）：133-138.
董秀英，徐杰. 2009. 假设句句法操作形式的跨语言比较. 汉语学报，（4）：64-74.
都兴宙. 1998. 近代汉语的“呵”与“後”. 青海师范大学学报，（1）：101-104.
范丽君. 2015. 联系项居中原则在藏缅语假设复句中的分布. 民族语文，（3）：67-74.
方梅. 2006. 北京话里说的语法化——从言说动词到从句标记. 中国方言学报，（1）：107-121.
方梅. 2008. 动态呈现语法理论与汉语“用法”研究//沈阳，冯胜利主编. 当代语言学理论和汉语研究. 北京：商务印书馆：68-82.
封宗信. 2005. 语言学的元语言及其研究现状. 外语教学与研究，（6）：403-410.
冯春灿. 1999. 试论英语 IF 条件句的类型及使用. 外国语，（4）：12-18.
冯春田. 2004. 聊斋俚曲里的假设助词“着”及相关问题. 中国语文，（3）：241-246.
冯契. 2001. 哲学大词典. 上海：上海辞书出版社.
高建宏. 1987. 俄语条件意义的几种表达方式. 郑州大学学报，（3）：13-16.
高永奇. 2003. 莽语研究. 北京：民族出版社.
高永奇. 2004. 布兴语研究. 北京：民族出版社.
高再兰. 2006. “如果”句中的对比手法. 修辞学习，（3）：31-34.

古川裕. 2006. 关于“要”类词的认知解释——论“要”由动词到连词的语法化途径. 世界汉语教学，（1）：18-28.

谷向伟. 2007. 河南林州方言的“动”和“动了”. 方言，（2）：142-146.

郭利霞. 2015. 山西山阴方言的过去虚拟标记. 语文研究，（2）：62-65.

韩陈其. 1986. 古汉语单音假设连词之间的音韵关系. 中国语文，（5）：383-385.

何元建. 2007. 生成语言学背景下的汉语语法及翻译研究. 北京：北京大学出版社.

何兆熊. 1999. 新编语用学概论. 上海：上海教育出版社.

贺巍. 2005. 中原官话分区（稿）. 方言，（2）：136-140.

贺阳. 2008. 现代汉语欧化语法现象研究. 北京：商务印书馆.

洪波. 2005. 论汉语实词虚化的机制//吴福祥主编. 汉语语法化研究. 北京：商务印书馆：168-178.

侯丽白，郑文辉. 1996. 关于逻辑史上对悖论问题的解决. 学术研究，（12）：40-44.

侯学超. 1988. 现代汉语虚词词典. 北京：北京大学出版社.

胡光斌. 2002. 遵义方言的语气词. 贵州大学学报，（4）：80-90.

胡裕树. 1995. 现代汉语. 上海：上海教育出版社.

胡增益. 2001. 鄂伦春语研究. 北京：民族出版社.

黄斌. 1996. 《元曲选》中的语气词“也、呵、那、阿、呀”. 古汉语研究，（1）：72-76.

黄伯荣. 1996. 汉语方言语法类编. 青岛：青岛出版社.

黄伯荣，廖序东. 2002. 现代汉语. 北京：高等教育出版社.

黄布凡，周发成. 2005. 羌语研究. 成都：四川人民出版社.

黄蓉美. 1990. 法语条件式浅析. 山东外语教学，（1）：10-13.

江荻. 2005. 义都语研究. 北京：民族出版社.

江蓝生. 2002. 时间词“时”和“後”的语法化. 中国语文，（4）：291-301.

江蓝生. 2004. 跨层非短语结构“的话”的词汇化. 中国语文，（5）：387-400.

蒋绍愚. 1999. 抽象原则和临摹原则在汉语语法史中的体现. 古汉语研究，（4）：2-5.

蒋严. 2000. 汉语条件句的反事实解释//中国语文杂志社编. 语法研究与探索（十）. 北京：商务印书馆：257-279.

蒋严，潘海华. 1998. 形式语义学引论. 北京：中国社会科学出版社.

鞠玉梅. 2003. 信息结构中的已知信息. 天津外国语学院学报，（5）：33-39.

克里斯特尔编. 2002. 现代语言学词典. 沈家煊译. 北京：商务印书馆.

孔力雅. 2006. 论假设关联词双音化的发展. 安康师专学报，（6）：52-55.
黎锦熙. 2000. 新著国语文法. 北京：商务印书馆.
李从禾. 2013. 元语言否定的认知语用功能探微. 天津外国语大学学报，（6）：18-23.
李晋霞. 2005. 话题标记“如果说”. 汉语学习，（1）：28-32.
李晋霞. 2011. “这么”、“那么”的逻辑关系差异探析. 语言教学与研究，（3）：51-58.
李晋霞，刘云. 2003. 从“如果”与“如果说”的差异看“说”的传信义. 语言科学，（3）：59-70.
李晋霞，刘云. 2007. 复句类型的演变. 汉语学习，（2）：20-26.
李晋霞，刘云. 2009. 推理语境“如果说”中“说”的隐现. 中国语文，（4）：359-364.
李泰洙. 2000. 老乞大四种版本从句句尾助词研究. 中国语文，（1）：47-56.
李文浩. 2009. 江苏淮阴方言的重叠式反复问句. 中国语文，（2）：178-179.
李小凡. 1998. 苏州方言语法研究. 北京：北京大学出版社.
李小平. 2011. 聊城方言中的助词“呵”. 燕赵学术，（1）：32-37.
李新良. 2015. 立足于汉语事实的动词叙实性研究. 世界汉语教学，（3）：350-361.
李新良，袁毓林. 2017. “知道”的叙实性及其置信度变异的语法环境. 中国语文，（1）：42-52.
李云兵. 2005. 布庚语研究. 北京：民族出版社.
廖馥君. 1979. 德语语法. 北京：商务印书馆.
廖秋忠. 1984.《语言的共性与类型》述评. 国外语言学，（4）：1-15.
林华勇，马喆. 2007. 廉江方言言说义动词“讲”的语法化. 中国语文，（2）：151-159.
凌立. 2004. 汉藏假设复句的比较与翻译. 康定民族师范高等专科学校学报，（1）：54-57.
刘丹青. 2001. 汉语方言的语序类型比较//史有为主编. 从语义信息到类型比较. 北京：北京语言文化大学出版社：222-244.
刘丹青. 2002. 汉语中的框式介词. 当代语言学，（4）：241-253.
刘丹青. 2004. 语序类型与介词理论. 北京：商务印书馆.
刘丹青. 2005a. 方所题元的若干类型学参项//徐杰主编. 汉语研究的类型学视角. 北京：北京语言大学出版社：229-249.
刘丹青. 2005b. 话题标记从何而来？——语法化中的共性与个性续论//沈家煊，吴福祥，马贝加. 语法化与语法研究（二）. 北京：商务印书馆：107-130.
刘丹青. 2007. 话题标记走向何处？——兼谈广义历时语法化的三个领域//沈家煊，吴福祥，李宗江主编. 语法化与语法研究（三）. 北京：商务印书馆：106-125.
刘丹青. 2008. 语法调查手册. 上海：上海教育出版社.
刘丹青. 2012. 汉语的若干显赫范畴：语言库藏类型学视觉. 世界汉语教学，（3）：291-305.
刘福长. 1989. 语言学中的“对象语言”和“元语言”. 现代外语，（3）：19-21.
刘叔新. 2002. 现代汉语理论教程. 北京：高等教育出版社.
刘月华，潘文娱，韦锌. 2001. 实用现代汉语语法（增订本）. 北京：商务印书馆.
陆俭明. 2010. 汉语语法语义研究新探索. 北京：商务印书馆.
陆俭明，郭锐. 1999. 现代汉语语法研究所面临的挑战//陆俭明主编. 面临新世纪挑战的现代汉语语法研究. 济南：山东教育出版社：1-16.
陆俭明，马真. 1985. 现代汉语虚词散论. 北京：北京大学出版社.
罗福腾. 1996. 山东方言里的反复问句. 方言，（3）：229-234.
罗进军. 2007. 有标假设复句研究. 华中师范大学博士学位论文.
陆丙甫. 2005. 语序优势的认知解释（上）：论可别度对语序的普遍影响，（1）：1-15.
陆丙甫，金立鑫. 2015. 语言类型学教程. 北京：北京大学出版社.
吕叔湘. 1981. 现代汉语八百词. 北京：商务印书馆.
吕叔湘. 2004. 吕叔湘文集（第1卷）. 北京：商务印书馆.
吕叔湘，江蓝生. 2017. 近代汉语指代词. 北京：商务印书馆.
马贝加. 2002. “要”的语法化. 语言研究，（4）：81-87.
马凤如. 2000. 金乡方言志. 济南：齐鲁出版社.
马建忠. 2000. 马氏文通. 北京：商务印书馆.
马静，吴焕章. 2003. 临沂方言志. 济南：齐鲁出版社.
马学良. 2003. 汉藏语概论. 北京：民族出版社.
毛宗武，李云兵. 2002. 炯奈语研究. 北京：中央民族大学出版社.
梅广. 2018. 上古汉语语法纲要. 上海：上海教育出版社.
孟达来. 1999. 蒙古语族甘青语言的假定式附加成分与突厥语族语言的比较. 西北民族学院学报，（1）：63-67.
莫超. 2004. 白龙江流域汉语方言语法. 北京：中国社会科学出版社.
倪大白. 1982. 藏缅、苗瑶、侗泰诸语言及汉语疑问句结构的异同. 语言研究，（1）：249-258.

欧阳觉亚. 1998. 村语. 上海：上海远东出版社.
彭小川，杨江. 2006. 说“一旦”. 世界汉语教学，（1）：51-58.
钱乃荣. 2001. 现代汉语. 南京：江苏教育出版社.
钱乃荣. 2003. 北部吴语研究. 上海：上海大学出版社.
钱乃荣. 2004. 上海方言中的虚拟句. 方言，（2）：97-110.
钱曾怡. 2001. 山东方言研究. 济南：齐鲁书社.
强星娜. 2011. 上海话过去虚拟标记“蛮好”——兼论汉语方言过去虚拟表达类型. 中国语文，（2）：155-163.
秦礼君. 2006. 日汉比较语法. 北京：中国科学技术大学出版社.
屈承熹. 2006. 汉语篇章语法. 潘文国，王俊，陈万会等，译. 北京：北京语言大学出版社.
冉永平. 2005. 语用元语言现象及其语用指向. 外语学刊，（1）：1-6.
邵京. 1988. 语言差别与思维差异——汉英反事实假设研究综述. 外语教学与研究，（1）：2-9.
邵敬敏. 2001. 现代汉语. 上海：上海教育出版社.
邵敬敏，周娟. 2007. 汉语方言正反问的类型学比较. 暨南学报，（2）：108-117.
沈家煊. 1991. 《类型和共性》评介. 国外语言学，（3）：25-28.
沈家煊. 1998. 语用法的语法化. 福建外语，（2）：1-8.
沈家煊. 2001. 语言的“主观性”和“主观化”. 外语教学与研究，（4）：268-275.
沈家煊. 2003. 复句三域“行、知、言”. 中国语文，（3）：195-204.
沈家煊. 2004. 语用原则、语用推理和语义演变. 外语教学与研究，（4）：243-251.
沈家煊. 2005a. 也谈能性述补结构“V得C”和“V不C”的不对称//沈家煊，吴福祥，马贝加主编. 语法化和语法研究（二）. 北京：商务印书馆：185-207.
沈家煊. 2005b. “语法化”研究综观//吴福祥主编. 汉语语法化研究. 北京：商务印书馆：1-18.
沈家煊. 2006. 认知与汉语语法研究. 北京：商务印书馆.
沈家煊. 2009. 复句“合乎事理”辩. 现代外语，（2）：112-117.
沈家煊. 2015. 不对称和标记论. 南昌：江西教育出版社.
沈叙云. 1991. “Say”的一种用法. 大学英语，（2）：38-39.
石毓智. 2001. 肯定和否定的对称与不对称. 北京：北京语言文化大学出版社.
石毓智. 2005a. 汉语研究的类型学视野. 南昌：江西教育出版社.

石毓智. 2005b. 判断词“是”构成连词的概念基础. 汉语学习，（4）：3-10.
石毓智. 2006. 语法化的动因与机制. 北京：北京大学出版社.
石毓智，白解红. 2007. 将来时标记向认识情态动词的衍生. 解放军外国语学院学报，（1）：1-4.
司富珍. 2002. 汉语的标句词“的”及相关的句法问题. 语言教学与研究，（2）：35-40.
斯钦朝克图. 1999. 康家语. 上海：上海远东出版社.
宋恩泉. 2005. 汶上方言志. 济南：齐鲁出版社.
宋作艳，陶红印. 2008. 汉英因果复句顺序的话语分析与比较. 汉语学报，（4）：61-71.
孙朝奋. 2005.《虚化论》评介//吴福祥主编. 汉语语法化研究. 北京：商务印书馆.
孙宏开. 1982. 独龙语简志. 北京：民族出版社.
孙宏开. 2009. 羌语简志. 北京：民族出版社.
孙宏开，刘光坤. 2005. 阿依语研究. 北京：民族出版社.
孙立新. 2004. 陕西户县方言的助词“着”——兼谈“着”字在官话及晋语里的用法//戴昭铭主编. 汉语方言语法研究和探索. 哈尔滨：黑龙江人民出版社：221-230.
孙梅青. 2006. 助词“呵”的语法演变. 语言研究，（2）：53-58.
索振羽. 2000. 语用学教程. 北京：北京大学出版社.
太田辰夫. 2003. 中国语历史文法. 蒋绍愚，徐昌华译. 北京：北京大学出版社.
王春辉. 2010a. 汉语条件句标记及其语序类型. 语言科学，（3）：265-278.
王春辉. 2010b. 汉语条件句小句间的语序类型. 世界汉语教学，（4）：468-482.
王春辉. 2011. 条件句分类的国内外比较. 东方语言学，（11）：115-128.
王春辉. 2015. 条件句中的“那/那么”. 汉语学习，（2）：41-48.
王春辉. 2016. 汉语条件句违实义的可及因素——一套复合系统，汉语学习，（1）：12-20.
王冬梅. 2003. 动词的控制度和谓宾的名物化之间的共变关系. 中国语文，（4）：315-328.
王芳. 2014. 条件句的非典型成员——事实条件句. 汉语学习，（4）：56-64.
王建设. 2004. 贵阳方言句尾语气词连用的结构层次和语用功能. 贵州师范大学学报（社会科学版），（4）：118-121.
王克仲. 1990. 意合法对假设义类词形成的作用. 中国语文，（6）：439-447.
王力. 1980. 汉语史稿（中册）. 北京：中华书局.
王力. 1985. 中国现代语法. 北京：商务印书馆.
王鹏翔. 2005. 晋语志延片方言的“嚜”类语气词. 延安大学学报（社会科学版），（6）：

113-116.
王瑞昀. 2005. 英汉疑问句类型学比较研究. 上海外国语大学博士学位论文.
王维贤，张学成，卢曼云，等. 1994. 现代汉语复句新解. 上海：华东师范大学出版社.
王小虹. 2005. 谈满语动词后缀 ci. 满语研究，（1）：19-22.
温宾利. 2002. 当代句法学引论. 北京：外语教学与研究出版社.
吴建生. 2004. 山西方言的助词“动”//戴昭铭主编. 汉语方言语法研究和探索. 哈尔滨：黑龙江人民出版社：306-311.
伍人义. 1995. 浅谈“如果……那么……”句的内部结构差异. 修辞学习，（4）：27-28.
厦门市地方志编纂委员会办公室编. 1996. 厦门方言志. 北京：北京语言学院出版社.
向熹. 1998. 简明汉语史（下）. 北京：高等教育出版社.
项梦冰. 1994. 新泉方言的“时”. 韶关大学学报（社会科学版），（1）：35-54.
肖天佑，刘善枪. 1981. 意大利语语法. 北京：商务印书馆.
谢逢江. 1987. 试谈假设比照句. 汉语学习，（2）：15-16.
谢留文. 1995. 客家方言的一种反复问句. 方言，（3）：208-210.
谢留文. 1998. 南昌县（蒋巷）方言的两个虚词“是”与“着”. 中国语文，（2）：123-125.
谢晓安，华侃，张淑敏. 1996. 甘肃临夏汉语方言语法中的安多藏语现象. 中国语文，（4）：273-280.
谢晓明. 2010. 假设类复句关联词语连用情况考察. 汉语学报，（2）：29-36.
解惠全. 2005. 谈实词的虚化//吴福祥主编. 汉语语法化研究. 北京：商务印书馆：130-151.
辛永芬. 2006. 浚县方言语法研究. 北京：中华书局.
邢福义. 2000. 汉语语法学. 长春：东北师范大学出版社.
邢福义. 2001. 现代汉语. 北京：高等教育出版社.
邢福义. 2002. 汉语复句研究. 北京：商务印书馆.
邢公畹. 1987. 语言的“专化作用”与对外汉语教学. 世界汉语教学，（2）：5-7.
邢向东. 2005. 陕北晋语沿河方言愿望类虚拟语气的表达手段. 语文研究，（2）：44-48.
邢向东. 2006. 陕北晋语语法比较研究. 北京：商务印书馆.
徐杰. 2001. 普遍语法原则与汉语语法现象. 北京：北京大学出版社.
徐杰. 2005. 句子的三个敏感位置与句子的疑问范畴——跨语言的类型比较//单周尧，陆镜光. 语言文字学研究. 北京：中国社会科学出版社：223-234.
徐杰. 2006. 句子的中心与助动词占据的谓头语法位置. 汉语学报，（3）：51-61.

徐杰，李莹. 2010. 汉语“谓头”位置的特殊性及相关句法理论问题. 汉语言文学，（3）：98-107.

徐李洁. 2003. 论 IF 真实条件句的条件. 现代外语，（2）：136-142.

徐李洁. 2005a. 英语修辞条件句：反常与反证. 外国语言文学，（3）：145-150.

徐李洁. 2005b. IF 条件句分类再研究. 四川外语学院学报，（2）：64-69.

徐李洁. 2008. 英语 IF 条件句主观化模式的建构. 外国语，（1）：62-67.

徐烈炯，刘丹青. 1998. 话题的结构与功能. 上海：上海教育出版社.

徐琳，赵衍荪. 1984. 白语简志. 北京：民族出版社.

徐盛桓. 1996. 汉语的含意性. 外语研究，（3）：1-8.

徐盛桓. 2004a. 逻辑与实据——英语 IF 条件句研究的一种理论框架. 现代外语，（4）：331-435.

徐盛桓. 2004b. 充分条件的语用嬗变——语言运用视角下的逻辑关系. 外国语，（3）：11-19.

徐世璇. 1998. 毕苏语. 上海：上海远东出版社.

徐阳春. 2002. 现代汉语复句句式研究. 北京：中国社会科学出版社.

杨伯峻. 1981. 古汉语虚词. 北京：中华书局.

杨伯峻，何乐士. 2003. 古汉语语法及其发展. 北京：语文出版社.

杨永龙. 2001.《朱子语类》完成体研究. 开封：河南大学出版社.

杨永龙. 2002. 汉语方言先时助词“着”的来源. 语言研究，（2）：145-150.

姚双云. 2008. 复句关系标记的搭配研究. 武汉：华中师范大学出版社.

姚双云. 2011. 英语 if 句与汉语“如果”句——基于语料库的比较. 武汉理工大学学报（社会科学版），（6）：933-938.

姚双云. 2014. 条件标记的语体差异及其功能解释. 世界汉语教学，（4）：461-472.

姚双云. 2015. 连词与口语语篇的互动性. 中国语文，（4）：329-340.

姚振武. 2007. “认知语言学”思考. 语文研究，（2）：13-24.

殷相印. 2006. 微山方言语法研究. 南京师范大学博士学位论文.

雍茜. 2014. 违实条件句的类型学研究. 外国语，（3）：59-70.

雍茜. 2015. 违实句的形态类型及汉语违实句. 外国语，（1）：30-41.

雍茜. 2017. 违实标记与违实义的生成——基于大规模语种库的类型学研究. 外语教学与研究，（2）：227-239.

余成林. 2013. 藏缅语的假设关联标记. 民族语文，（5）：35-43.
余志鸿. 1999. 元代汉语假设句的后置标记. 语文研究，（1）：38-42.
袁劲. 1997. 海门方言志. 合肥：黄山书社.
袁毓林. 1994. 关于认知语言学的理论思考. 中国社会科学，（1）：183-198.
袁毓林. 2003. 无指代词“他”的句法语义功能——从韵律句法和焦点理论的角度看//中国语文杂志社. 2003. 语法研究和探索（十二）. 北京：商务印书馆：44-64.
袁毓林. 2015. 汉语反事实表达及其思维特点. 中国社会科学，（8）：126-144.
苑中树. 1994. 黎语语法纲要. 北京：中央民族大学出版社.
张安生. 2006. 同心方言研究. 北京：中华书局.
张宝胜. 2006. 也说“复句三域”//中国语文杂志社编. 语法研究和探索（十三）. 北京：商务印书馆：281-294.
张斌. 2002. 现代汉语. 上海：复旦大学出版社.
张斌. 2013. 现代汉语虚词词典. 北京：商务印书馆.
张道真. 2002. 张道真实用英语语法. 北京：外语教学与研究出版社.
张道真，温志达. 1998. 英语语法大全. 北京：外语教学与研究出版社.
张济民. 1993. 仡佬语研究. 贵阳：贵州民族出版社.
张丽丽. 2006. 从使役到条件. 台大文史哲学报，（65）：1-38.
张炼强. 1992a. 假设从句后置的条件（上）. 逻辑与学习，（1）：39-41.
张炼强. 1992b. 假设从句后置的条件（下）. 逻辑与学习，（2）：35-38.
张龙. 2012. “好了”的语法化和主观化. 汉语学习，（2）：62-68.
张敏. 1998. 认知语言学与汉语名词短语. 北京：中国社会科学出版社.
张其昀. 2015. 扬州方言含有违实意向的凝固结构“说的”. 中国语文，（2）：150-152.
张桃. 2004. 宁化客家方言语法研究. 厦门大学博士学位论文.
张廷兴，王祚厚，李贵友. 1999. 沂水方言志. 北京：语文出版社.
张新华. 2013. 论“就好了”的祈愿功能. 语言研究集刊，（11）：219-227.
张雪平. 2014a. “如果”类假设连词的语义功能与语用分布. 汉语学习，（1）：69-74.
张雪平. 2014b. “一旦”与“万一”. 世界汉语教学，（2）：212-221.
张雪平. 2017. 现代汉语假设句的分类系统. 渤海大学学报（哲学社会科学版），（5）：92-96.
张谊生. 2003. “副+是”的历时演化和共时变异——兼论现代汉语“副+是”的表达功能和

分布范围. 语言科学，（4）：34-49.
张志毅，张庆云. 2001. 词汇语义学. 北京：商务印书馆.
赵杰. 1989. 现代满语研究. 北京：民族出版社.
赵京战. 1994. 关于假设义类词的一些问题. 中国语文，（4）：305-308.
赵元任. 1968. 中国话的文法. 丁邦新译. 石家庄：河北教育出版社.
赵元任. 1979. 汉语口语语法. 北京：商务印书馆.
周刚. 2001. 汉、英、日语连词语序对比研究及其语言类型学意义. 语言教学与研究，（5）：42-54.
周刚. 2002. 连词与相关问题. 合肥：安徽教育出版社.
周刚. 2003. 连词产生和发展的历史要略. 安徽大学学报，（1）：83-88.
周自厚. 2001. “如果”句式与“如果说”句式. 天津成人高等学校联合报，（1）：45-48.
朱德熙. 1982. 语法讲义. 北京：商务印书馆.
朱景松. 2007. 现代汉语虚词词典. 北京：语文出版社.
朱丽师，杨永龙. 2018. 否定性违实条件句“不是 C1，C2”的产生过程. 广西师范大学学报，（5）：120-126.
宗守云. 2018. 张家口晋语语法研究. 北京：商务印书馆.
祖生利. 2002. 元代白话碑文中助词的特殊用法. 中国语文，（5）：459-472.
Aikhenvald, A. Y. 2008. 语言学田野调查：代序//戴庆厦，罗仁地，汪峰. 到田野去——语言学田野调查的方法与实践. 吴君如译. 北京：民族出版社：1-14.
Bloomfield, L. 1933. *Language*. New York: Holt, Rinehart and Winston.
Brown, P. &Levinson，S. C. 1978. Universals in language usage: Politeness phenomena. In E. N. Goody (Ed.), *Questions and Politeness: Strategies in Social Interaction* (pp. 56-311). Cambridge: Cambridge University Press.
Caron, B. 2006. Condition, topic and focus in African languages: Why conditionals are not topics. *ZAS Papers in Linguistics*, (46): 69-82.
Cole, P. & Sung, L. 1990. *Feature Percolation in GB Theory* (master dissertation). Ms. University of Delaware.
Comrie, B. 1986. Conditionals: A typology. In E. C. Traugott, A. Meulen & J. S. Reilly et al.(Eds.), *On Conditionals* (pp. 77-99). Combridge: Combridge University Press.
Comrie, B. 1989. 语言共性和语言类型. 沈家煊译. 北京：华夏出版社.

Croft, W. 1990. *Typology and Universals*. Cambridge: Cambridge University Press.

Dahl, Ö. 1997. The relation between past time reference and counterfactuality: A new look. In A. Athanasiadou & R. Dirven (Eds.), *On Conditionals Again* (pp. 97-114). Amsterdam/ Philadelphia: John Benjamins Publishing Company.

Dancygier, B. 1998. *Conditional and Prediction*. Cambridge: Cambridge University Press.

Dancygier, B. & Sweetser, E. 1997. Then in conditional constructions. *Cognitive Linguistics*, (2): 109-136.

David, C. 2000. 现代语言学词典. 沈家煊译. 北京：商务印书馆.

Diessel, H. 2001. The ordering distribution of main and adverbial clauses: A typological study. *Language*, 77(3):433-455.

Dryer, M. S. 1992a. Adverbial subordinators and word order asymmetries. In J. A. Hawkins & A. Siewierska (Eds.), *Performance Principles of Word Order. EUROTYP Working Papers* (pp. 50-67). European Science Foundation.

Dryer, M. S. 1992b. The Greenbergian word order correlations. *Language*, 68(1): 81-138.

Greenberg, J. H. 1984. 某些主要跟语序有关的语法普遍现象. 陆丙甫，陆致极译. 国外语言学，（2）：45-60.

Grice, H. P. 1975. Logic and conversation. In P. Cole & J. Morgan (Eds.), *Syntax and Semantics 3: Speech and Acts* (pp. 41-58). New York: Academic Press.

Haiman, J. 1978. Conditionals are topics. *Language*, 54(3): 564-589.

Halliday, M. A. K. 2000. *An Introduction to Functional Grammar.* Beijing: Beijing Foreign Language Teaching and Research Press.

Hawkins, J. A. 1983. *Word Order Universals*. SCL: Academic Press.

Heine, B. & Kuteva, T. 2007. 语法化的世界词库. 北京：世界图书出版公司.

Hopper, P. J. & Traugott, E. C. 2005. 语法化（第二版）. 北京：北京大学出版社.

Lehmann, W. P. 1978. *Syntactic Typology*. Austin: University of Texas Press.

Palmer, F. R. 1986. *Mood and Modality*. Cambridge: Cambridge University Press.

Quirk, R., Greenbaum, S. & Leech, G., et al. 1985. *A Comprehensive Grammar of the English Language*. London and New Youk: Longman.

Richards, J. C., Platt, J. & Platt, H. 2000. *Longman Dictionary of Language Teaching & Applied Linguistics*. Beijing: Foreign Language Teaching and Reseach Press.

Sweetser, E. 1990. *From Etymology to Pragmatics: Metaphorical and Cultureal Aspect of Semantic Structure*. Cambridge: Cambridge University Press.

Traugott, E. C., Meulen, A. & Reilly, J. S., et al., eds. 1986. *On Conditionals*. Cambridge: Cambridge University Press.

Wang, Y. F. 2006. The information structure of adverbial clauses in Chinese discourse. *Taiwan Journal of Linguistics,* 4(1): 49-88.

Wierzbicka, A. 1997. Conditionals and counterfantuals: Conceptual primitives and linguistic universals. In A. Athanasiadou & R. Dirven (Eds.), *On Conditionals Again* (pp. 15-59). Amsterdam/Philadelphia: John Benjamins Publishing Company.

Xing, Z. Q. 1993. *Discourse Functions of World order in Chinese: A Quantitative Analysis of Diachronic Text* (unpublished doctoral dissertation). University of Michigan.

Ziegeler, D. P. 2000. The role of quantity implicatures in the grammaticalisation of "would". *Language Science*, (22): 27-61.